目指せ、着物美人！　格好良く着る、
はじめての着付け＆帯結び

目次

着物を着る前に……5

着物各部の名称……6

スタイリスト秋月洋子が指導！
格好良く着付けるポイント……8

着物を着るまでの流れ……12

半衿のつけ方……14

習うより慣れろ 着てみましょう……15

着物を着る

着付けに必要なものをそろえる……16

下着・足袋・裾よけ・肌じゅばん……18

長じゅばん……20

着物……24

帯　一重太鼓……30

帯締めの結び方／帯留めがつく場合／帯揚げの結び方……36

二重太鼓……38

笹角出し……43

変わり矢の字……46

浴衣を着る

着付けに必要なものをそろえる……48

浴衣……49

カバー　モデル／岡田智子

目指せ、着物美人！

格好良く着る、はじめての着付け＆帯結び

秋月 洋子●監修

永岡書店

帯　大人文庫……53
片流し……56
割り角出し……58
お太鼓風……60
帯結びの豆知識……62

着物についての基礎知識……63

着物の種類と格について……64
帯の知識……66
立ち居振る舞い……68
着崩れの直し方……70
着物に合わせる小ものの決まり……72
衣更えの時期……73
お手入れ方法……74
たたみ方……77
撮影協力……80

帯／灯屋2銀座店

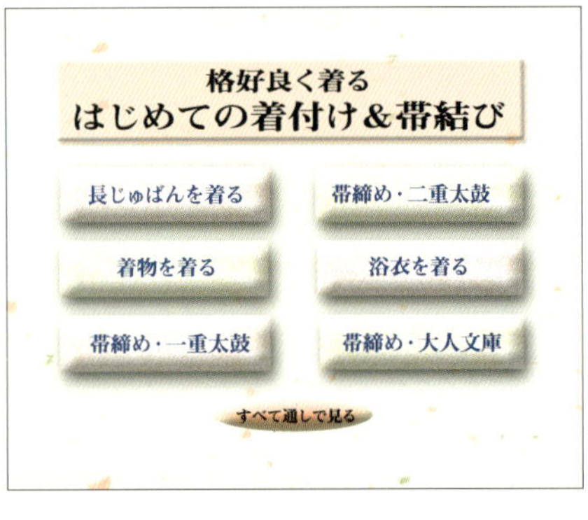

ＤＶＤの視聴方法

①ＤＶＤをプレーヤーに正しくセットしてください。
②自動的に左記のようなＴＯＰ画面が表示されます。
長じゅばんを着る(本書20～23ページ)
着物を着る(本書24～29ページ)
帯を締める　一重太鼓(本書30～37ページ)
二重太鼓(本書38～42ページ)
浴衣を着る(本書48～52ページ)
帯を締める　大人文庫(本書53～55ページ)
③見たい項目を選択してクリック操作すれば、画面が切り替わります。

※ＤＶＤの内容は原則的に本書と同じですが、一部異なる部分もあります。

●ＤＶＤの操作方法はプレーヤーごとに異なります。詳しい操作方法はプレーヤーの取り扱い説明書をご覧ください。
●ＤＶＤ-ＶＩＤＥＯ対応のプレーヤーで再生してください。ＤＶＤ再生機能を持ったパソコン等でも再生できますが、機種によっては対応できないものもあります。不都合が発生した場合、弊社は責任を負いませんので、あらかじめ、ご了承ください。

はじめに

着物の魅力の一つに、ほんの少しの不自由さ、という要素があります。
例えば、着付けなんてその最たるもの。形が出来ているわけではないから、まずは手順を覚え、そして心地よくかっこよく着るためには、微妙なポイントを体で覚えていかなくてはなりません（なんだか体育会系のようですが…）。衣紋（えもん）の抜き方、ひもの位置、帯の高さなど、着方一つで素敵にもなり、ちょっと野暮ったくもなる。顔や体型が人それぞれであるように、着物の着方も人それぞれ。
心地よく着ていられるポイントやほどよいバランスは人によって違うから、慣れるにつれいつしか〝私流〟の着方になる。着物が身に添ってくるような、心地よくて自分らしい着こなしを目指して、少々越えなきゃいけないハードルはあるけれど、それすらも楽しみに思えてしまう。そんなふうに、日々感性を育てていけるのも、着物の醍醐味の一つではないでしょうか。
この本が、私と同じように着物に魅力を感じている皆様にとって、ひょいとハードルを越える手助けになれれば（そして、あら意外に簡単、と感じていただければ）とてもうれしいです。
最後に、この場をお借りして私の師匠である石田節子先生に御礼を申し上げます。まだまだ勉強中の身である私が、先生の下で修業させていただいたおかげで、このような身に余る機会をいただけましたことを心から幸せに思っています。
ありがとうございました。

秋月洋子

着物を着る前に

着付けのとき耳にする着物の部分名称や、
はじめてでも上手く着付けられるポイントなど、
あらかじめ知っておくと役に立つ情報がいっぱい。
着付けをスムーズに覚える手助けになります。

着物／渡辺花鳥園

着物各部の名称

着物の部分名称

着付けに入る前に、着物の名称を覚えておきましょう。聞き慣れない言葉もありますが、着物の構造はすべて同じなので、覚えるものは決まっています。実際に着付けには出てこない名称も、覚えておくと着物を仕立てるときには役に立ちます。

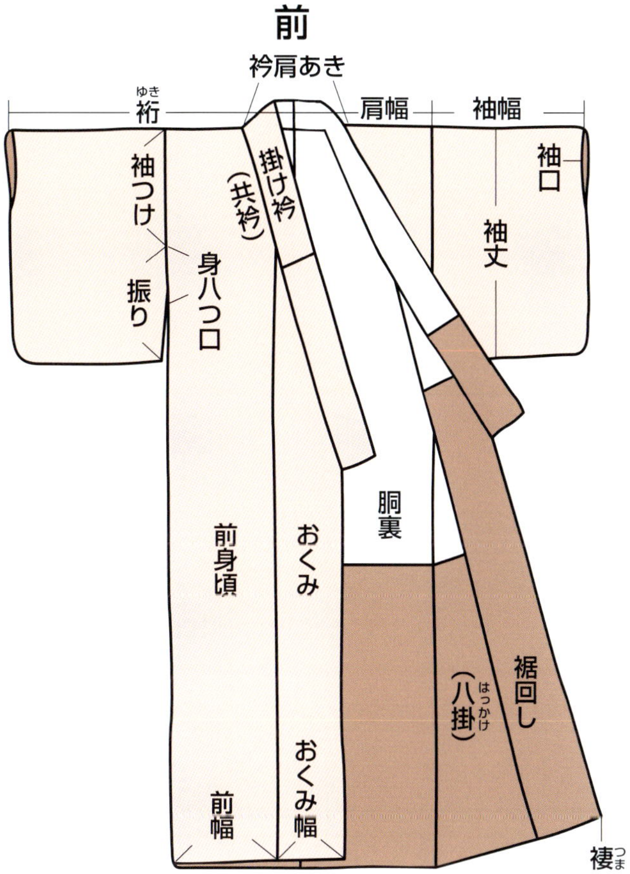

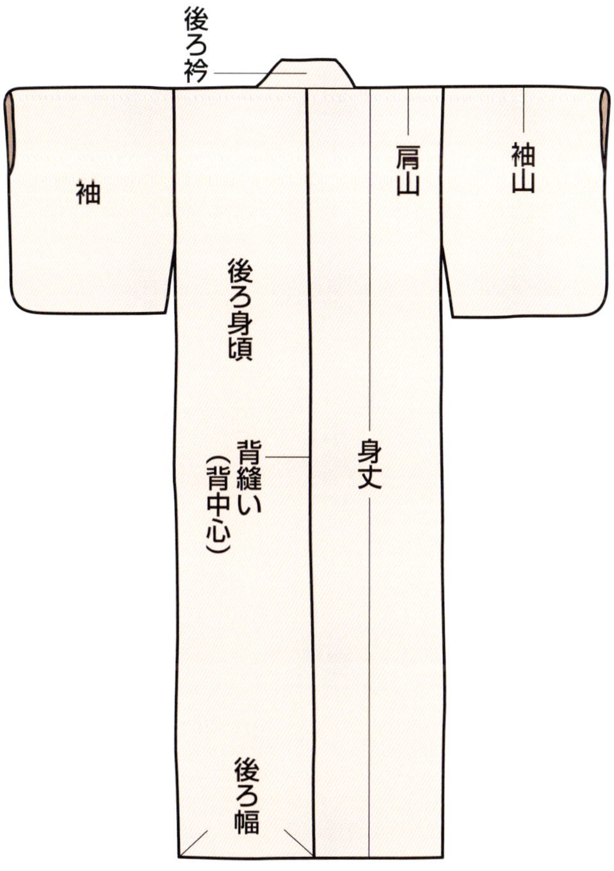

掛け衿

衿の汚れや傷み防止のため、衿の上にかぶせるもう一枚の衿のこと。

裾回し（八掛（はっかけ））

裾裏に当てる布のこと。歩くときに見えるので、おしゃれのポイントにもなる。

身八つ口（みやつくち）

女物だけにある、身頃の脇にあるあきのこと。体型や動きに合わせ、ゆるみ分の代わりになる。また、着付けや着崩れを直すとき、手を入れておはしょりを直したり、体温調節の役目も。

着付けのときに必要な**着物用語**

これ、知ってた? 着付けのギモン

なぜ、おはしょりをするの?

おはしょりとは、着物を着たとき腰ひもで締め、余り分をたたんで着ること、またはこのたたんだ部分のことをいいます。おはしょりによって、着物は洋服ほど着る人の身長や体型を選ばず、多少の違いは合わせることができるのです。ほかにも、おはしょりがあることにより、上半身の着崩れが下半身にまで影響されない、同様に下半身の着崩れもおはしょりを整えればすむという利点もあります。

左を上前に合わせる理由とは?

着物は男女共に左前身頃を上前(外側)、右前身頃を下前(内側)に合わせるように着ます。これは、多くの人の利き手である右手を懐に入れやすいからという理由があります。また、右前身頃を上前に合わせることを「左前」といい、死に装束(死者に着せる服装)でもあることから、縁起が悪いとされています。「左前」という呼び方は、人から見て左身頃が前になっていることからきているようです。

スタイリスト秋月洋子が指導！

格好良く着付けるポイント

誰でもはじめは間違えずに着付けるだけで精いっぱい。でも、せっかく着るなら、おしゃれに着こなしたいですよね。そこで、着物スタイリストとしても活躍中の、本書監修者の秋月洋子さんに、着付けのポイントを教わりました。しっかりマスターして、着物美人にデビュー！

寸胴の場合

裾が広がって見え、野暮ったい印象。

裾つぼまりの場合

全体がすっきりとした印象。

1 全体のシルエット

洋服も同じですが、着物でもやはり全体のバランスがよく見えることが大事です。着物をバランスよく仕上げるためのシルエットは「裾つぼまり」です。

上の写真を見てもわかるように、右側は裾が細くなるように着付けていることにより、全体がすっきりとした印象に見えているのです。反対に左側の寸胴（ずんどう）の場合は裾に向かって広がっているので、なんとなく野暮ったい印象に見えます。

裾つぼまりに着るには、着付けで前の打ち合わせを決めるときがポイントです。特におしりの部分を、できるだけぴったりと体に合わせ、褄を少しだけ上げます。

また、下半身とは逆に、上半身はややゆったりと着ましょう。裾つぼまりのシルエットを作るとともに、着心地もよくなります。ゆったりの目安は人それぞれですが、自分で着てみて、着崩れない程度に着物の中で体が動くくらい、と思ってください。

帯／竺仙

衿をゆったり合わせた場合

首回りをすっきり見せる効果も。

衿をつめて合わせた場合

衿をつめると、清潔感のある若々しい印象。

2 衿合わせの位置

衿は顔に近い部分なので、一番気になる、という方も多いのでは。衿は合わせ方によって、顔回りの印象が変わります。

基本的には衿合わせの位置はのどのくぼみ、というのが基準です。のどのくぼみが隠れるくらいにややつめて合わせると清楚な印象、衿合わせをやや縦長にしてゆったり合わせると、粋な雰囲気が出ます。

また、着たときの印象ではなく、着る人の体型に合わせて決めてもよいでしょう。丸顔の人や首が短い人、肩が張っている人の場合、衿合わせをゆったりとして縦のラインを作ると、首回りがすっきりと見えます。

半衿の種類によっても合わせ方の違いがあります。ベーシックな白の半衿の場合、着物から見える半衿は1～2cm程度、それより多いと野暮ったくなります。これに対して刺しゅうや柄ものの半衿は衿合わせを縦長にし、多めに見せるほうがバランスがよいでしょう。

衿合わせの位置に関しては格好よく見えるかどうかは個人の好みや体型によります。実際に着付けてみて、自分のベストな位置を探しましょう。

衣紋を抜いた場合

こなれた雰囲気が出せるが、抜き加減は慎重に。

衣紋をつめた場合

しゃんとして見えるが、やや固い雰囲気にも。

3 衣紋（えもん）の抜き加減

衣紋は立体で見える部分なので、少しの違いでもかなり目立ちます。最もさじ加減の難しい、気を使いたい部分です。衣紋の抜き加減で、着ている人の印象が左右されるといってもいいでしょう。

衿の合わせ同様、衣紋にも基準があり、こぶしひとつ分あけるのがちょうどいいとされています。これよりつめるとやや固い雰囲気に、また、反対に大きく抜くと、色気やこなれた雰囲気を出せます。ただ、個性を出したいからといって、あまりつめすぎたり、抜きすぎるのはかえって逆効果。必ず鏡を見ながら、あくまでもさり気なく、が基本です。

体型別に見ると、首の長さで印象が変わるようです。例えば、首の長い人は同じこぶしひとつ分抜いても、もっと多く抜いているような印象を与えてしまいます。反対に首が短ければ、あまり抜いていないように見えます。首の長さと抜き加減のバランスに注意しましょう。

首の長さ同様、髪型でも印象が変わります。着物のときは長い髪をアップにすることも多いでしょう。そのとき、アップの位置を高めにするなら衣紋をつめ気味に、低い位置にするなら衣紋を抜き気味にするのが、相性のよい組み合わせです。

帯位置低めの場合

粋な印象。お太鼓のほかには角出しなどが似合う。

帯位置高めの場合

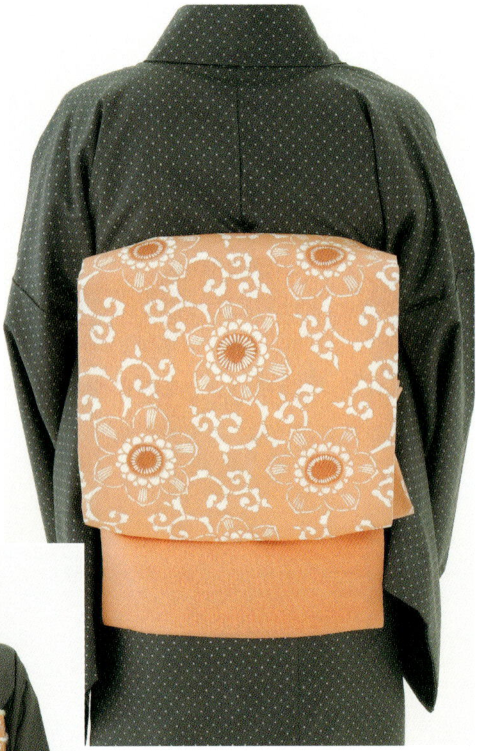

若々しい印象。柄によっては華やかなイメージにも。

4 帯位置とお太鼓の大きさ

帯は着物以外で一番面積の広い部分です。当然ですが、着こなしにも大きな影響があります。

基本的に帯の位置は後ろから見て位置が高いと可愛らしく、低いと粋でシックにまとまります。

ただし、身長によってバランスのよい位置が変わってきます。身長が高い人は帯を高い位置で締めると、下半身が長すぎて安定感がなくなります。8ページにもあるとおり、下半身がぴったりしてすらりと見えるほうがよいのですが、長すぎてもアンバランスです。帯の高さは身長が高い人は低め、身長が低い人は高め、と覚えておきましょう。

また、お太鼓を締める場合は、帯を高めにしたらお太鼓を大きく、反対に帯を低めにしたらお太鼓を小さく作るほうがバランスもよく仕上がります。

秋月さんによると、着こなし上達の一番のポイントは、くり返し着付けて、自分の好みや体型に似合う着方を見つけることだそうです。「洋服でもおしゃれな人は研究熱心でしょう？　それと同じで、雑誌や人の着こなしを参考にいろいろチャレンジする人は、すぐに着こなしが上達するんですよ」。着るなら格好よく！　を目指し、どんどん着てみましょう。

着物を着るまでの流れ

必要なものをそろえたら、いよいよ着付けに入ります。できるだけ、スムーズに着付けられるよう、あらかじめ順序を確認し、イメージしておきましょう。

1 必要なものをそろえる

着付けに慣れないうちはなるべく早めに準備をすませておきましょう。帯、帯揚げ、帯締めなどは着物の格に合わせた上でコーディネートします。また、長じゅばんに半衿がついているかどうかの確認も忘れずに。もしついていなかったら、14ページを参照してつけておきましょう。

2 下着、足袋をはく

はじめに下着をつけます。ブラジャーは補整が必要な人と胸元が気になる人以外はつけなくてもかまいません。つぎに、足袋をはきます。着物を着てしまうと、かがむのが大変なので、足袋は着付けの前にはいておきます。

3 裾よけ、肌じゅばんを着る

汗を吸い取るため、また、保温の役目もあります。着物から見えないよう、衿は多めにあけ、裾は短めに着ることが基本です。また、裾よけにはウエストの補整の効果もあるので、ていねいに着付けておきましょう。

4 長じゅばんを着る

長じゅばんの上に着物を着るので、長じゅばんが上手く着付けられないと、その上に着る着物も着崩れてしまいます。ポイントは裾つぼまりに着ること、長じゅばんの背中心を体の中心と合わせること、そして、衣紋をきちんと抜いておくことです。

5 着物を着る

先に着た長じゅばんを着崩さないよう、慎重に着付けていきます。ポイントは長じゅばんと同様に裾つぼまり、背中心、衣紋。ほかに、おはしょりをきちんと処理しておくことです。

6 帯を締める

帯を体に巻くときは必ず下側を持って締めるようにしましょう。これで下側だけが締まるので、苦しくならず、同時に着崩れも防ぐことができます。また、帯の上側があいているとポケット代わりにもなり、便利です。帯締め、帯揚げを整えたら、完成！

半衿のつけ方

既製品の長じゅばんには半衿がついているものもありますが、着物のおしゃれを楽しむなら、やはり半衿にもこだわりたい。お裁縫は得意じゃないという方でも大丈夫。要領をつかんでしまえば簡単です。半衿には衿芯が必要ですが、衿芯の種類によって半衿のつけ方が違います。どちらを選ぶかはお好みで。

差し込み芯の場合

半衿をつけたあと、長じゅばんと半衿のすき間に差し込む芯です。手間はありませんが、半衿の仕上がりがやや硬めになります。

①長じゅばんの衿を表を上にして置きます。端を1cmくらい折った半衿を表を上にして重ね、端から端まで粗く縫います。

②長じゅばんを裏返し、半衿を内側に折ります。端は長じゅばんの衿幅に合わせて折り込み、同様に縫います。

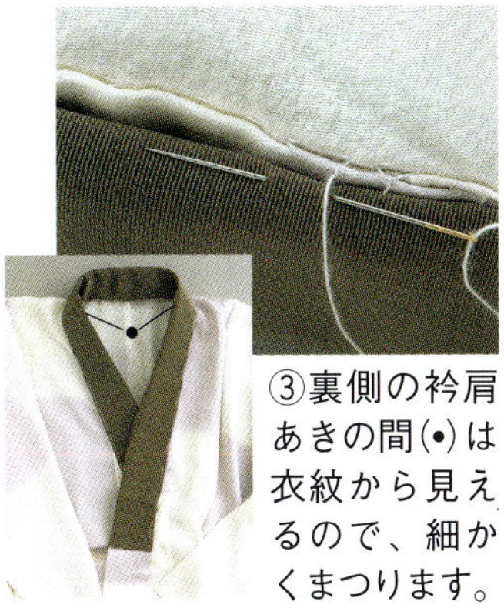

③裏側の衿肩あきの間(•)は衣紋から見えるので、細かくまつります。

④差し込み芯を入れて完成です。衿の内側と半衿の間に入れます。

三河芯のつけ方

三河木綿という布の芯です。ふんわりとした仕上がりになりますが、半衿と一緒に縫いつけるので、やや手間がかかります。

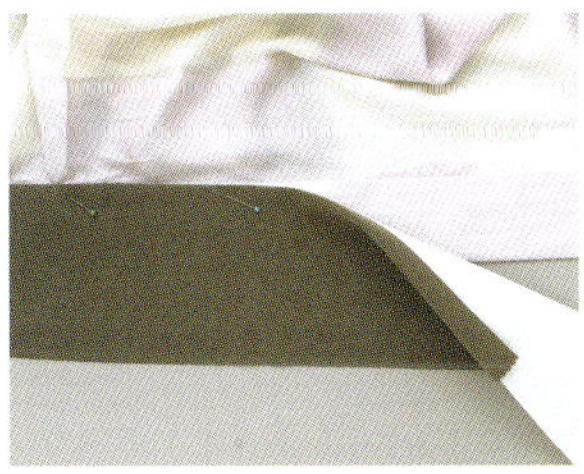

①半衿の端を1cmくらい折って三河芯をくるみます。長じゅばんの表に重ねて待ち針でとめていきます。

②2cmくらいの間隔で、半衿の端から端までを粗く縫います。

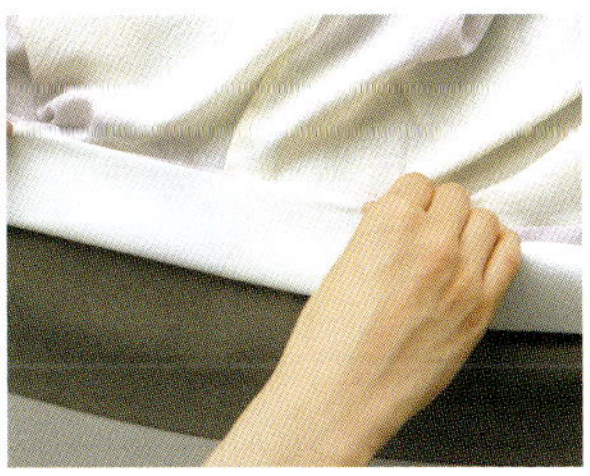

③三河芯を内側に折って長じゅばんの衿をくるみます。端は長じゅばんの衿幅に合わせて折り込んでおきます。

④ ③の上に半衿を重ねます。衿の内側に、最初は背中心、つぎに左右の衿肩あきの順で3箇所を待ち針でとめます。

⑤内側は衿先から衿肩あきまで、半衿と衿芯だけを縫います。

⑥裏側の左右の衿肩あきの間は衣紋から見えるので、長じゅばんに細かくまつります。

習うより慣れろ 着てみましょう

いよいよ着付けに入ります。
はじめての方でもわかりやすいよう、一から順を追って、ていねいに解説してあります。着物の着付けやお太鼓結びのより詳しい動きを確認したいときは、付録のＤＶＤを参照してください。

着物を着る

着付けに必要なものをそろえる

足袋

白足袋が基本ですが、紬や木綿などの普段着には色ものや柄ものを合わせてもよいでしょう。

ブラジャー

胸元が気にならなければ、特に着けなくてもかまいません。ただ、着物は体に凹凸がないほうがきれいに着こなせます。特に胸の大きな人は、ふくらみをなだらかにする効果がある、和装用ブラジャーをつけましょう。スポーツ用ブラジャーなどでも代用できます。

ショーツ

着物の上からラインの出ないレースのものやTバックのものを選びましょう。トイレに行くことを考慮して、腰ひもに重ならないよう、はき込みの浅いものを。

着物

帯

帯締め

文字通り帯の上から締め、安定させるひもです。帯締めなどの小ものは着物の格に合わせて選びます。詳しくは72ページを参照。

帯揚げ

本来は帯枕を覆うものですが、帯から見えるので、装飾的な意味合いを強く持っています。半衿、帯締めとともに着物の着こなしを仕上げる、大切な小ものです。

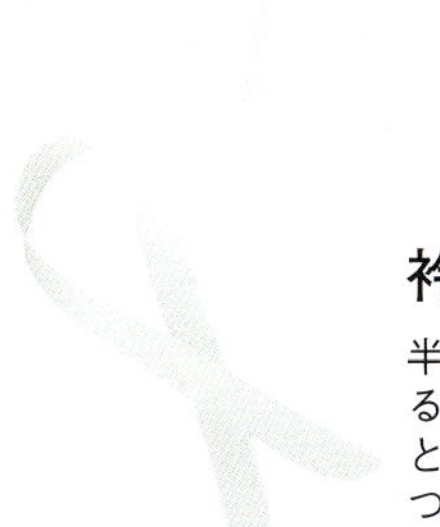

衿芯

半衿をしっかりと形よく見せるために使います。三河芯(上)と差し込み芯(下)があります。つけ方は14ページを参照。

長じゅばん

着物の下に着る下着です。関西はおはしょりがあり、関東ではおはしょりのない対丈(ついたけ)で着るのが一般的。おすすめは肌触りがよく、静電気の起きにくい正絹(絹100%)のもの。

☆これも便利！

楽屋肌着
前あきがスナップどめになっています。衿がくれているので、自分で調節しなくても、着物から見える心配がありません。

すててこ
普段からパンツ派の人にはなじみやすい下着。このほか、スカートの下にはくペチコートでもOK。

ワンピース型
肌じゅばんと裾よけをつなげたタイプのもの。着る手間が省け、またウエストがもたつかないので、すっきり着こなせます。

肌じゅばん
長じゅばんの下に着る下着です。汗を吸い取ったり、保温の役目もあります。素材はさらしやガーゼなどが一般的。

裾よけ
肌じゅばん同様、直接肌につける下着です。保温のほかに裾さばきをよくする役目もあります。

コーリンベルト
伊達締めの代わりに両端についたクリップで着物の衿をはさみ、はだけないよう固定します。長さを調節でき、また、多少の伸縮性もあるので、胸もとを締めつけないのがうれしい。

ひも
着物を着るときの腰ひも、帯を締めるときの仮ひもとして使います。3本くらいは用意しておきましょう。手頃なのはモスリン(写真)ですが、柔らかく締めやすい正絹もおすすめ。

半衿
長じゅばんに縫いつけて使います。衿の汚れを防ぐため、また、コーディネートのアクセントとしても大切なアイテム。

伊達締め
長じゅばんの着付けに使います。胴に巻く部分は硬めに、両端は柔らかく織られている博多織が扱いやすく、一般的です。

帯枕
帯の中に入れ、お太鼓をふっくら形良く仕上げます。ひもを前で結んで使います。全体をガーゼで包んだもののほうが力が均一にかかるので、なだらかできれいな形が出せます。

帯板
前帯の形をきれいに見せる芯のようなもの。ベルトつきのものは帯の下に、ベルトのないものは体に巻く帯の間にはさみます。

着物／秋場　ブラジャー、肌じゅばん、裾よけ、楽屋肌着、ワンピース肌着、帯板(ゴムなし)、コーリンベルト、ひも、帯枕(2点とも)／銀座くのや　すててこ、伊達締め、帯板(ゴム付き)／福和商事　帯締め／青々庵

下着・足袋

1 下着を着たら、つぎに足袋をはきます。足袋ははきやすいよう、折り返しておきます。

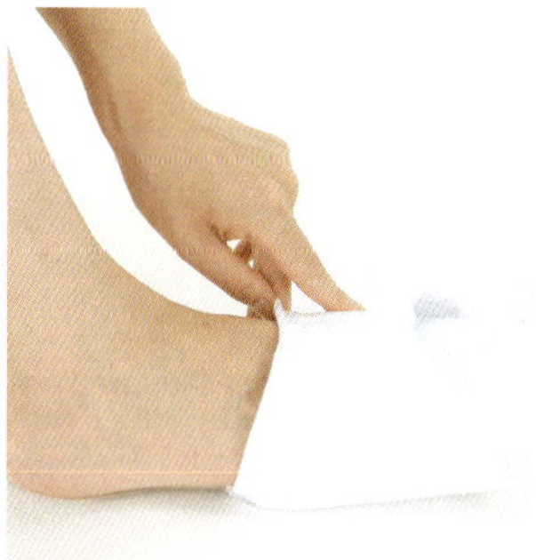

2 つま先をしっかり中まで入れます。

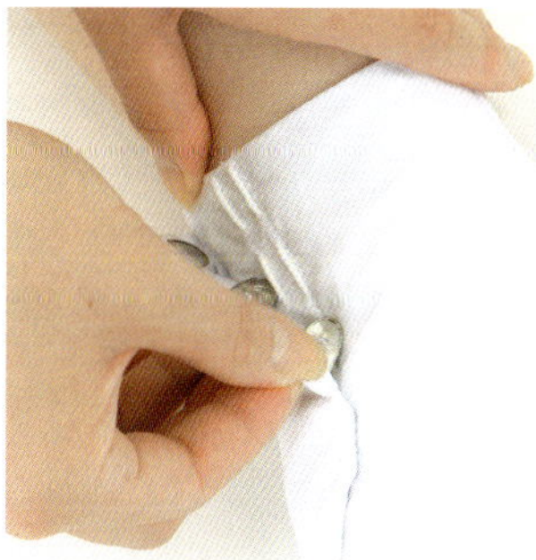

3 かかとを入れ、足袋を足首まで引き上げたら、こはぜ(足袋をとめる金具の部分)を下からとめます。

4 足袋がはけました。

裾よけ・肌じゅばん

※写真は撮影のために、先に肌じゅばんを着ていますが、実際は裾よけのあとに肌じゅばんを着ます。

裾よけ

1 褄を上げながら、着物と同様に、右が下前(内側)、左が上前(外側)に合わせます。

2 裾線は足袋の上端にそろえます。裾よけが長い場合は、ウエストで折り返します。

3 ひもを後ろで交差させて軽く締め、前に回して片蝶結び(26ページ参照)にします。

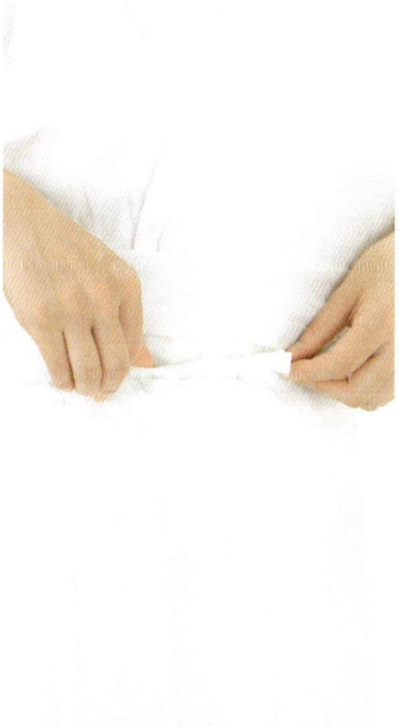

4 端はひもにはさんでおきます。

補整について

基本的にあまり補整は必要ありませんが、着物は凹凸のない寸胴型のほうがきれいに着こなせます。バストとウエストの差が大きな人やヒップが出ている人は、タオルでかんたんに補整しましょう。

タオルの長さが足りないときは腰ひもで結びます。

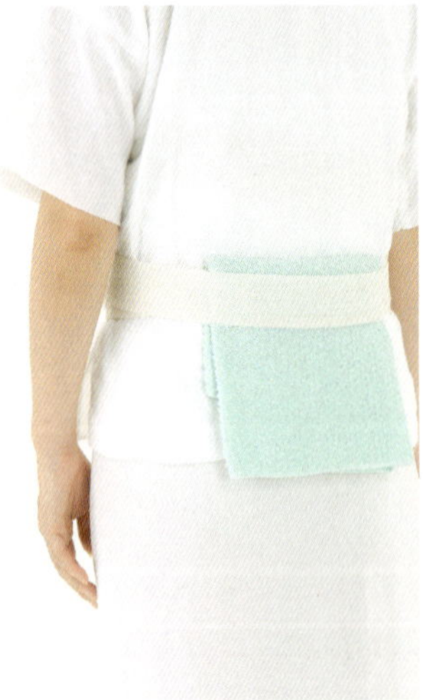

ウエストとヒップの差を補整するときは長さを四つ折りにしてから幅をたたみ、ウエストの後ろに当てます。この場合も腰ひもで結びます。

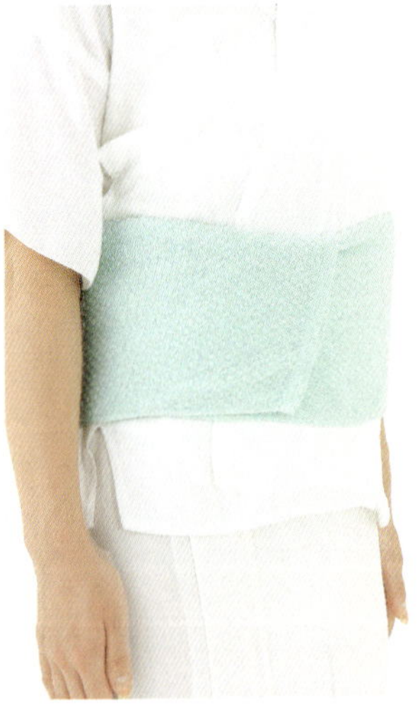

フェイスタオルの幅を半分に折り、ウエストに巻きます。端ははさみ込んでおけば、はずれません。タオルはなるべく薄いものを使いましょう。

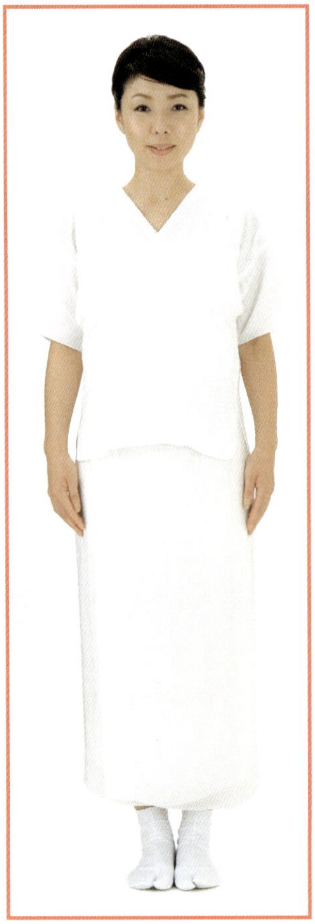

4 裾よけと肌じゅばんを着られました。

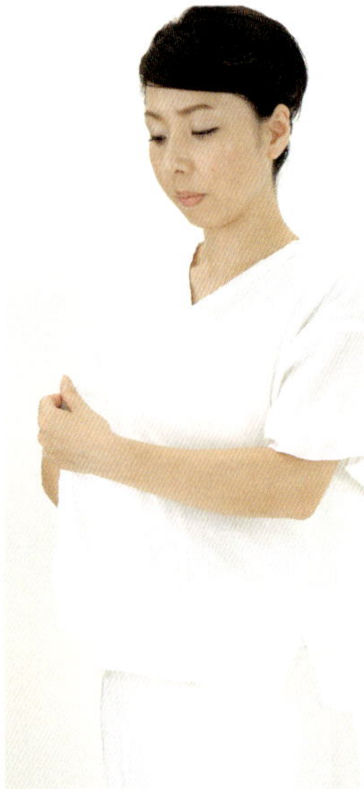

肌じゅばん

1 着物と同様に左身頃を上前に合わせます。
※はだけるのが気になる場合は、腰ひもを結んでもかまいません。

2 衿はつめすぎると、見えてしまいます。のどのくぼみの下くらいで、あけぎみに合わせます。

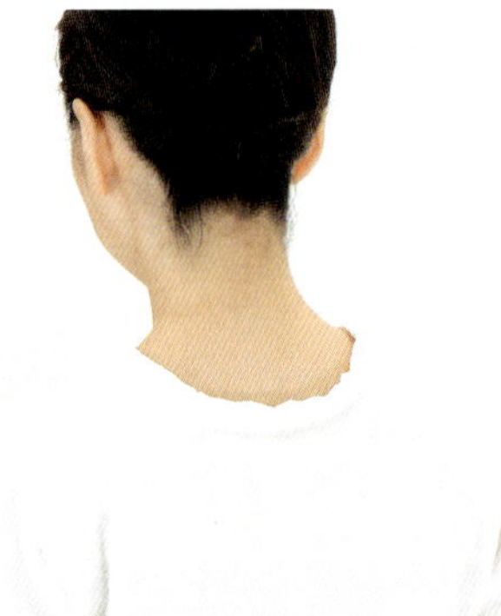

3 後ろも長じゅばんから見えないよう、多めに抜いておきます。

advice!

着付けの途中で必要なひもや伊達締め、帯締めなどは、着付け前にすべて椅子にかけておきましょう。こうしておくと、着付けの途中でかがまなくてよいので、着崩れの防止になります。また、一つずつ探す手間もなく、着付けの時間短縮のためにもおすすめです。

長じゅばん

はおる

1 体の後ろで背中心を基準に左右均等に開きます。

2 肩にかけ、背中心が大きくずれるのを防ぐために、片方ずつゆっくり腕を通します。右の衿を左手で持って右手を通し、左の衿を右手で持って左手を通します。

3 左右の衿先を合わせ、先から20cmくらいのところを片手で持ちます。もう片方の手で背中心を持ち、両方とも体の中心に合わせます。

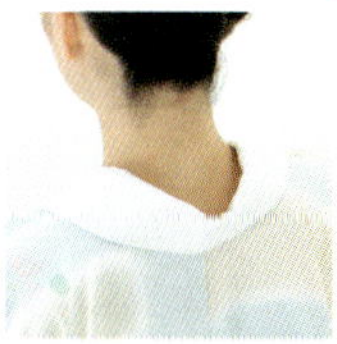

これを、「衣紋を抜く」といいます。

4 背中心を持った手を中心からずらさないように下に引き、後ろ衿をこぶし一つ分あけます。

伊達締めを結ぶ

5 衿合わせを決めます。左右の手で衿を持ち、まず、右手で持った下前を決めます。胸のふくらみを覆うように、衿をそわせます。

6 つぎに、後ろの縫い目が体の中心からずれないよう上前を重ねます。衣紋が抜けていて、衿をきちんと合わせて着れば、自然に「裾つぼまり」になります。

衿の重なりはのどのくぼみが見えるか見えないかくらいが目安。

7 片手で上前を押さえたまま、伊達締めの長さの中央を持ちます。伊達締めは決めた衿を崩さないよう、右胸の高い位置からなで下ろすような気持ちで胸の下あたりに当てます。

8 その位置で伊達締めを左まですべらし、そのまま後ろに回します。

9 左右を持ち替え、交差させます。

10 内側に重なったほうを少し下にずらし、折り上げます。

11 そのまま伊達締めを前に回し、息を吸い、肺をふくらませた状態で軽く締めます。肺に空気を入れた状態で締めれば、吐いたときにゆとりができるので締めすぎて苦しくなるのを避けられます。

12 体の少し右寄りの位置で、一結びします。最初に**7**（21ページ）で右胸の下に当てて、そこから左右に伸ばすので、結び目は自然と右寄りになります。

13 右手側を下げます。

14 **13**の上に左手を交差させ、結び目をねじります。

15 左右を持ち替えて軽く引き締めます。

16 右側は一度伊達締めに通します。

17 もう一度、左右に軽く引き締めます。

18 両端をはさみ込みます。

しわを整える

19 伊達締めの上で後ろ身頃の脇を持って左右に軽く引き、背中のしわをとります。

20 前身頃の脇のたるみは伊達締めの下から長じゅばんを下に引いてとります。

長じゅばんを着られました！

★ここで確認★

……後ろ……

- 背中心の縫い目が体の中心と合っていますか？
- 衣紋はこぶし一つ分抜けていますか？
- 衣紋から肌じゅばんが見えていませんか？

……前……

- 裾つぼまりに着られていますか？
- 衿合わせはのどのくぼみの位置になっていますか？
- 衿元から肌着が見えていませんか？
- 裾から裾よけが見えていませんか？

21 余りはたたむようにして、脇で後ろに倒すときれいに整います。このとき、力を入れすぎて衿元をあけないよう注意しましょう。

22 最後に伊達締めの下から長じゅばんを引いて、整えます。

もし、着崩れていたら…

衿が開いてしまった

左の身八つ口から左手を入れて下前の衿を持ち、右手で上前の衿を持って左右に引き、衿を合わせ直します。脇のたるみを伊達締めの下から引いておきます。

衣紋が首についてしまった

衿を両手で持って、少し浮かすようにしてから伊達締めの下の後ろ身頃を下に引きます。

衿元や衣紋から肌じゅばんが見えている

長じゅばんを持ち上げて肌着を下に引きます。

裾つぼまりに着られていない、裾よけが下から見えている、背中心がずれている

裾よけが下から見えている場合は、肌着から着直しましょう。そのほかは、少しくらいのずれなら、そのままでもかまいません。鏡で確認して、どうしても気になる場合ははじめから着直しましょう。

はおる

1 体の後ろで背中心を基準に左右均等に開きます。

2 腕を広げ、着物を片方ずつ肩にかけます。このとき、肩先に引っかけるようにはおります。これは、衣紋がつぶれて長じゅばんが着崩れるのを防ぐためです。また、腕は肩より上がらないように注意。

3 長じゅばんと同様に、衿を片手で持って反対側の手を通し、逆側も同様に。

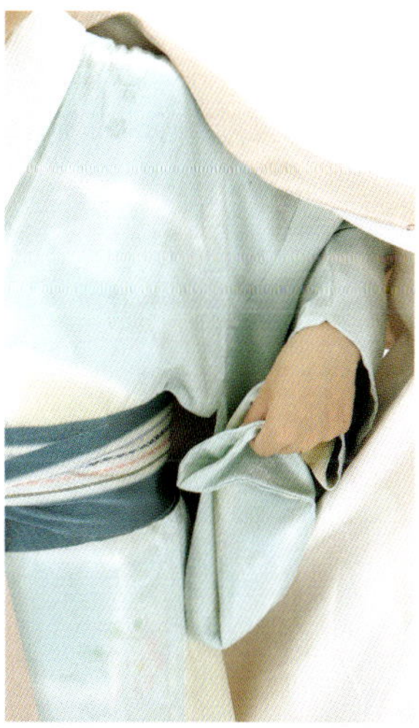

このとき、袂は手で持って一緒に通します。

打ち合わせを決める

4 腕を軽く伸ばしたあたりの衿を両手で持ちます。

5 着物を持ち上げながら左の脇線が体の左脇にくるように上前(左身頃)を合わせます。上前幅というのは、左脇線を基準にしてちょうど前半身を覆うような寸法になっています。このため、左脇線が着るときの基準になります。

6 同時に長さを決めます。はきものをはいたときちょうどよくなるよう、後ろの裾は床すれすれ、前の裾は足の甲にかかるくらいが目安です。おしりの部分は、着物をぴったり体に合わせます。

7 そのまま脇線と裾線を動かさないように上前を平行に開き、下前を入れ込みます。軽く褄を上げて衿先を上前と腰の間にはさみます。

8 褄を少し上げながら、そのまま上前を重ねます。

腰ひもを結ぶ

9 左手で上前の端を押さえたまま、右手で腰ひもの長さの中央を持ち、右腰骨のあたりに当てます。

10 その位置で腰ひもを左まですべらし、そのまま後ろに回します。

11 左右を持ち替えて交差させ、しっかりと締めます。

12 そのまま前に回します。

13 体の少し右寄りの位置で、一結びします。

14 片蝶結びをします。まず、下側でわを作ります。

15 上側を下ろします。

16 15を14のわの内側から引き抜きます。片蝶結びができました。

17 端は腰ひもにはさみます。

おはしょり、衿元を整える

18 おはしょりを整える前に、この時点で着物の裾を上げ、長じゅばんを下に引いておきます。

19 身八つ口から左右それぞれ手を入れ、おはしょりを整えます。

20 先に後ろのおはしょりを整えます。おはしょりの余った部分が腰ひもにはさみ込まれていないかを確認します。

後ろのおはしょりの中では、手のひらは後ろに向けて整えます。

21 同様に前のおはしょりも整えます。

22 左右の掛け衿の端を体の前中心で合わせます。これで背中心が合っていることが確認できます。衣紋をくずさないため、衿は前に強く引きすぎないように。

23 下前の衿を整えます。長じゅばんの衿が1〜2cmくらい見えるように着物の衿を折りながらそわせていきます。衣紋から耳の下あたりまでは着物の衿が上になるように合わせます。

24 左の身八つ口からコーリンベルトを入れて下前の衿先をはさみます。

位置は、胸の4〜5cm下が目安。

※実際は上前をめくらずに折り上げます。

25 はさんだ位置を軸にして、下前を折り上げます。上前のおはしょりと重ならず、胴回りがすっきりと仕上がります。

しわを整える

26 コーリンベルトを後ろから右側に回します。左手で下前と同じように上前を整えながら、衿先をはさみます。

コーリンベルトの高さは左右同じにします。

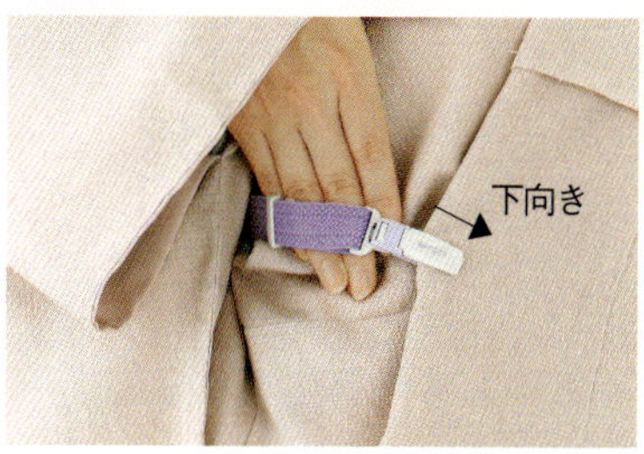

コーリンベルトは手が入るくらいのゆとりを持つよう、調節します。留め具を少し下向きにしておくと体にそうので、余計な力がかかりません。

27 コーリンベルトの上で後ろ身頃の脇を持って左右に軽く引き、背中のしわを両脇に寄せます。

28 寄せたしわを両脇で処理します。余りはたたむようにして、後ろに倒すときれいに整います。

29 着物の裾を持ち上げて、長じゅばんの後ろ身頃を下に引きます。これは後ろの衿から長じゅばんが見えないようにするためと、前の衿の浮きを整えるためです。着崩れのときにも使えます。

30 長じゅばんを引くと着物の背中にたるみが出るので、必ず合わせて後ろのおはしょりも軽く引いておきます(これも着崩れのときにも使えます)。

着物を着られました！

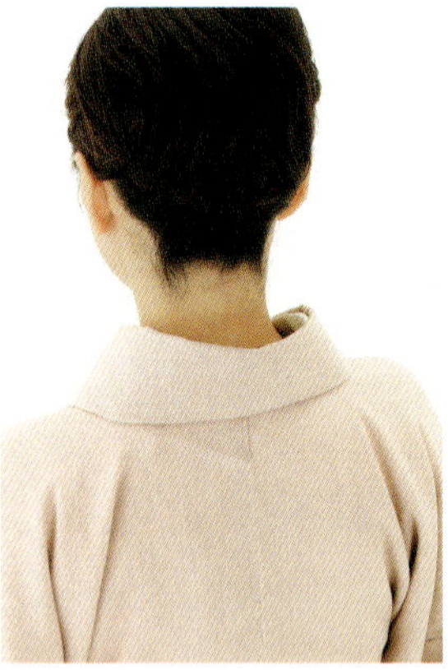

★ここで確認★

……後ろ……

- 上半身の背中心の縫い目が体の中心と合っていますか？
- 衣紋はこぶし一つ分抜けていますか？
- 長じゅばんと着物の衿はぴったり合っていますか？
- おはしょりがよれたり、しわになったりしていませんか？
- 裾線が床すれすれになっていますか？

……前……

- 裾つぼまりに着られていますか？
- 半衿が左右均等に1～2cmくらい見えていますか？
- おはしょりがよれたり、しわになったりしていませんか？
- 上前の裾は甲にかかるくらいの位置ですか？
- 褄は裾より少し上がっていますか？
- 裾から下前が見えていませんか？

もし、着崩れていたら…

裾つぼまりになっていない、裾から下前が見える

腰ひもを押さえながら、懐に手を入れて下前を少し上げます。裾が落ちてくるのは腰ひもがゆるい場合が多いので、腰ひもを結び直します。

腰ひもがゆるい

1、おはしょりを持ち上げます。2、結び目の下に両手を入れ、後ろまでたどります。3、交差させた部分で締め直します。4、また前にたどり、結び直します。

半衿が左右不均等、着物と長じゅばんの衿が合ってない

1、左右の身八つ口から手を入れ、長じゅばんの衿を持ち、左右に引いて衿を合わせて直します。2、同様に着物の衿を両手で持って直します。3、着物を持ち上げ、長じゅばんの後ろ身頃を下に引きます。4、着物の後ろのおはしょりを下に引いてたるみをとります。

上前の裾が落ちている

おはしょりを持ち上げ、腰ひもの上の部分を上に引き上げます。

裾丈が短い

2～3cmなら、つぎの方法で直せます。1、上前をたくし上げて右の脇線をつまみ、真下に引きます。2、上前の脇線をつまみ、真下に引きます。3、上前を戻します。

背中心が大きくずれて、袖口から長じゅばんが見えている

該当する部分からもう一度チャレンジしてみましょう。

一重太鼓

もっとも幅広く利用されている帯結びと言っていいでしょう。お太鼓部分が一重になっているのでこの名前がつきました。名古屋帯を使って結ぶので、主に小紋や紬などに合わせ、日常的なシーンで使われます。

帯を体に巻く

1 帯板を後ろ向きにつけます。

帯板は手が楽に入るくらいにゆるめにつけます。

2 て先を端から自分の身幅分とって外側に折り返し、わになった部分を右脇に当てます。帯幅のわは下側にします。

「て」と「たれ」について

帯を結ぶとき、幅を細く折って体に巻くほうを「て」といい、お太鼓に結ぶほうを「たれ」といいます。帯結びはすべてこの「て」と「たれ」を基準としてすすめていくので、ここでしっかり理解しておきましょう。

一巻きめ

3 左手で帯を押さえながら、一巻きして右手で持ちます。このとき、下側だけがしっかり締まり、上側にゆとりを持たせるために必ず帯の下側を持ちます。

二巻きめ

4 もう一巻きします。

5 右脇に当てた、て先のわの部分を押さえながら軽く締めます。

6 最初に体に当てたて先を、左脇まで引き抜きます。

7 抜いた部分を内側にねじり、軽く締めます。

8 たれを斜めに折り上げます。

9 たれを上にして、てとたれを重ねます。

10 たれを下からくぐらせて一結びします。たれを持ち上げるようにしながら、て先を下に引き締めます。

11 結び目を縦にします。

12 帯の前中心を右手で上から持ち、後ろ中心を左手で下から持ち、帯を回します。このとき、帯板も一緒に持ちます。

13 着崩れを防ぐため、必ず衿の合わせに逆らわない右方向へ回します。

14 左手が前中心にくるまで回すと、結び目はちょうど後ろ中心になります。

15 て先を前に回し、帯にはさんでとめておきます。

お太鼓を作る

16 結び目近くのたれを広げます。

17 結び目を後ろ手に押さえながら、仮ひもをとります。

18 広げた部分のたれをつぶすように仮ひもを当てます。仮ひもは前で結んでおきます。

19 帯枕をつけます。帯枕を平らになっている(背に当たる)ほうが外側に、カーブしているほうが下向きになるように持ち、たれの下に入れます。

20 帯枕を帯の中央に置き、左右の手で一緒に持ちます。

21 18の仮ひもの位置から、帯枕を帯ごと上に回転させます。

22 そのまま帯枕を19の点線の位置に乗せます。

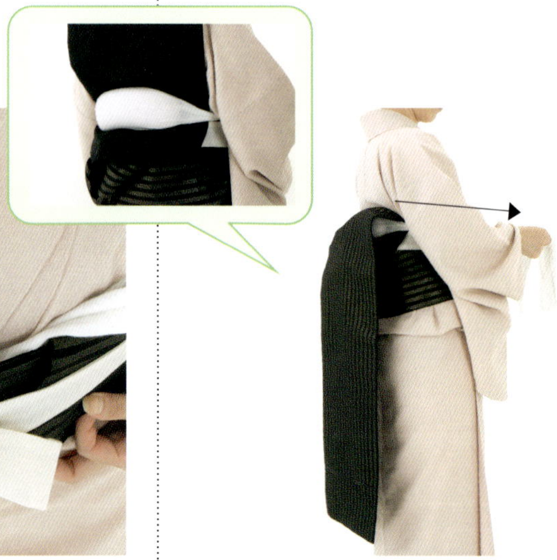

23 帯枕の平らな部分が背中にぴったりとつくように、帯枕のひもを前（＆斜め下方向）に引きます。

24 ひもを結びます。みぞおちにあたると苦しいので、結び目は体の中央を避けます。ひもの端はからげます。

25 結び目をいったん前に押し出すように引きます。

26 結び目を帯の中に入れます。最後に帯揚げも入れるので、帯枕のひもは帯幅の半分くらい中まで入れ込んでおきます。

27 帯揚げをかけます。まず帯枕の上側と帯の間にはさみ込みます。

28 つぎに、帯枕をくるむように下側を整えます。

29 端は前に回し、仮に結んでおきます。17の仮ひもははずします。

30 はずした仮ひもを、たれの内側に当てます。

位置は帯の下線より少し下がったところが目安です。

31 仮ひもとたれを一緒に持ちます。人差し指を使って、仮ひもの位置からたれを内側に折り込みます。

32 片手で、仮ひもと帯を一緒に持ちます。

33 もう片方の手で、たれ先がお太鼓から約10cm出るように残し、帯を折り上げます。

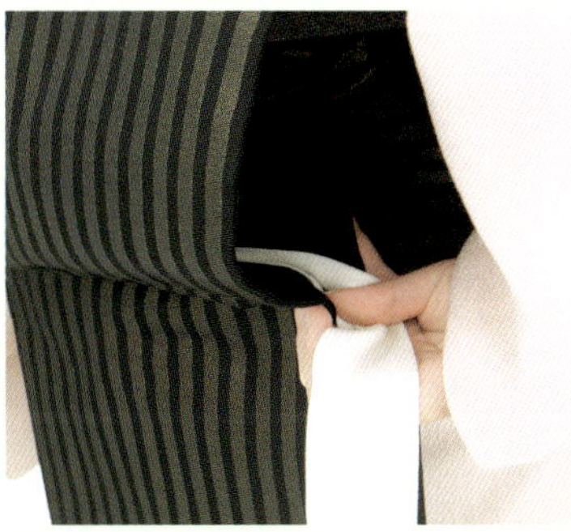

この仮ひもの位置がお太鼓の下線になります。

34 仮ひもを前で結びます。これでお太鼓の大きさが決まりました。

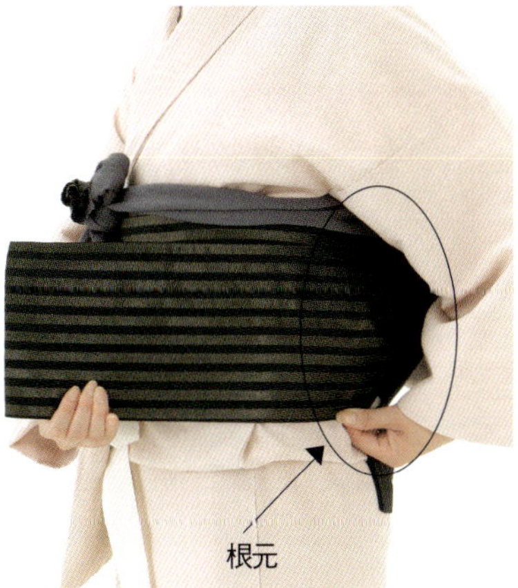

35 帯にはさんでおいたて先をはずし、根元をまっすぐに整えます。

36 て先を後ろに回し、お太鼓と折り上げたたれの間に通します。

37 て先は右側に4～5cmほど出るように位置を決めます。

38 て先を決めたら、右手の甲で押さえておきます。

帯揚げと帯締めを結ぶ

39 右手の甲で帯を押さえたまま、左手で帯締めの長さの中心を持ちます。て先とお太鼓の間に左側から入れ、右手に渡します。

40 左右の長さを均等に持ち、帯締めを結びます（36ページ参照）。

41 中に通したて先が余るようなら、左側を内側に折り込みます。

42 仮ひもをはずします。帯揚げの仮結びをほどき、結び直します（37ページ参照）。

43 完成です。

★ここで確認★

- 帯山が背中についていますか？
- お太鼓の中心が背中心と合っていますか？
- たれの長さは10cm程度出ていますか？
- お太鼓の下側は、横から見て下の折り目が鋭角になっていますか？

帯締めの結び方

1 帯締めを左右の長さをそろえて両手で持ちます。

2 左を上に、左右を重ねます。

3 上に重ねたほうを下からくぐらせ、一結びします。

4 上側のひもを右方向に流し、わを作ります。

5 下側のひもを上に持ってきます。

6 5のひもを4のわの中に上から通します。

7 結び目を右手の人差し指で押さえ、左手でひもを引きます。

8 ゆるまないように、きっちり締めます。

9 ひもの端を脇にはさみ込んで完成です。

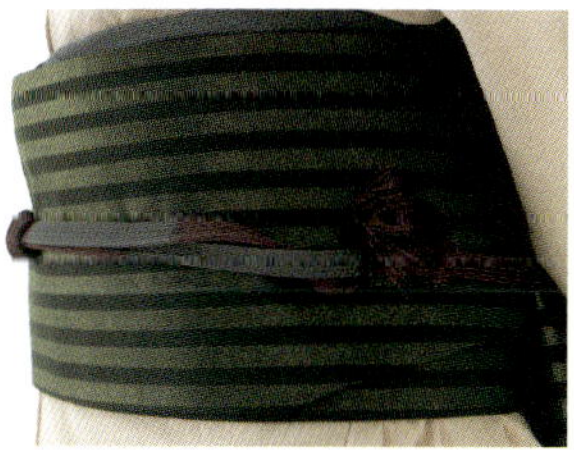

10 ひもの端は左右とも上からはさみ込んで下に抜ききらずに、房が上に向くようにします。

帯留めがつく場合

1 最初に帯留めを帯締めに通しておきます。

2 帯締めと同じように、しっかりと結びます。

3 余り分はなるべく小さくまとめて、帯締めにからげておきます。

8 上側の端を7のわの中に下から通します。

9 両端を引きます。結び目は、体の中心で衿の合わせ、帯締めの結び目と一直線にします。

10 端は着物と帯の間に入れます。軽くたたんで隙間に入れ、脇まですべらせます。

11 結び目は外から見えないよう、両側は均等に少し見えるよう整え、完成です。

4 左側を上に、左右を重ねます。

5 上に重ねたほうを下からくぐらせて、一結びします。

6 結び目を縦にします。

7 下側になったほうで、わを作ります。

帯揚げの結び方

1 まず、帯揚げの下側三分の一を折ります。

2 つぎに、上側三分の一を折り、帯揚げ幅の三分の一にします。

3 さらに半分に折り、帯揚げの幅の六分の一に。帯締め同様、左右の長さをそろえます。

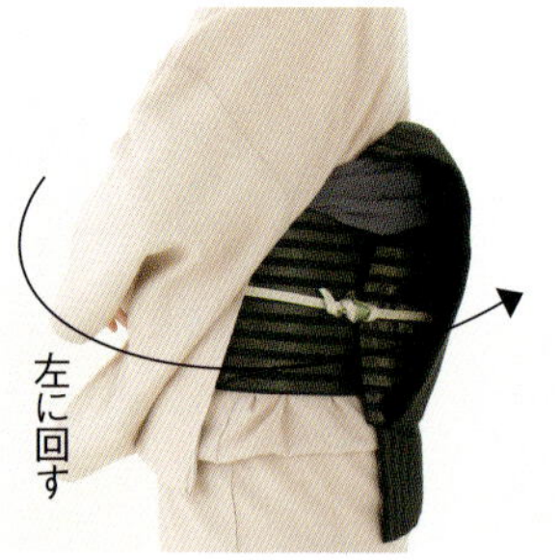

4 結び目が帯のて先にひっかからないよう、左方向に回します。

5 結び目は外から見えないよう、お太鼓の中央部まで入れ込んで完成です。

二重太鼓

一重太鼓と並んで利用されることの多い帯結びです。名古屋帯より長い袋帯を使い、お太鼓部分は二重になっています。フォーマルからおしゃれ着まで使えるので、ぜひ覚えておきましょう。

帯を体に巻く

1 帯板をつけます（30ページ参照）。て先の幅を半分に折ります。端から自分の身幅分とって折り返し、わになった部分を右脇に当てます。帯幅のわは下側にします。

2 左手で帯を押さえながら二巻きして、帯の下側を持ちます。帯幅を広くしたい場合は、ここで少し調節します。右脇に当てた、て先のわの部分を押さえながら軽く締めます。

3 最初に体に当てたて先を、左脇まで引き抜きます。

4 抜いた部分を内側にねじり、軽く締めます。

5 たれを斜めに折り上げます。

6 たれを上にして、てとたれを重ねます。

着物、帯／青々庵

7 たれを下からくぐらせて一結びします。たれを持ち上げるようにしながら、て先を下に引き締めます。

8 結び目を縦にします。

9 帯の前中心を右手で上から持ち、後ろ中心を左手で下から持ち、帯板ごと右方向に回します。

10 左手が前中心にくるまで回すと、結び目がちょうど後ろ中心になります。

11 て先を前に回し、帯にはさんでとめておきます。

お太鼓を作る

12 結び目近くのたれを広げます。

13 結び目を後ろ手に押さえながら仮ひもをとります。広げた部分のたれをつぶすように仮ひもを当て、前で結んでおきます。

14 たれをたぐり、たれ先から20cmのところに別の仮ひもを当てます。

15 仮ひもを帯ではさむようにして一緒に持ちます。

16 帯の下に入れます。

17 仮ひもを両手で持ちます。

位置は先に巻いた仮ひもの下が目安です。

18 仮ひもを前で結びます。

19 帯枕をつけます。帯枕を平らになっているほうが外側に、カーブしているほうが下向きになるように持ち、たれの下に入れます。

20 帯枕を帯の中央に置き、左右の手で一緒に持ちます。17の仮ひもの位置から、帯枕を帯ごと上に回転させます。

21 そのまま帯枕を19の点線の位置に乗せます。

帯枕の平らな部分が背中にぴったりとつくように、帯枕のひもを前（＆斜め下方向）に引きます。

22 ひもは体の中央を避けて脇で結び、端はひもにからげます。結び目は前に押し出すように引いてから、帯幅の半分くらい中まで入れ込みます。

23 帯揚げをかけます。まず帯枕の上側と帯の間にはさみ込みます。

24 つぎに、帯枕をくるむように下側を整えます。

25 端は前に回し仮に結んでおきます。仮ひもを2本ともはずします。

26 はずした仮ひものうち1本を二重になったたれの内側に当てます。

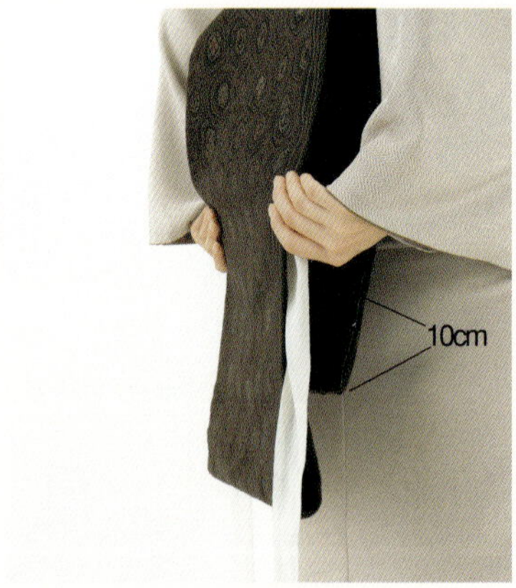

位置は体に巻いた帯の下線(たれ先の10cm上)が目安です。

27 人差し指を使って、仮ひもの位置からたれを内側に折り込みます。
※これがお太鼓の下線になります。

28 片手で仮ひもと帯を一緒に持ちます。

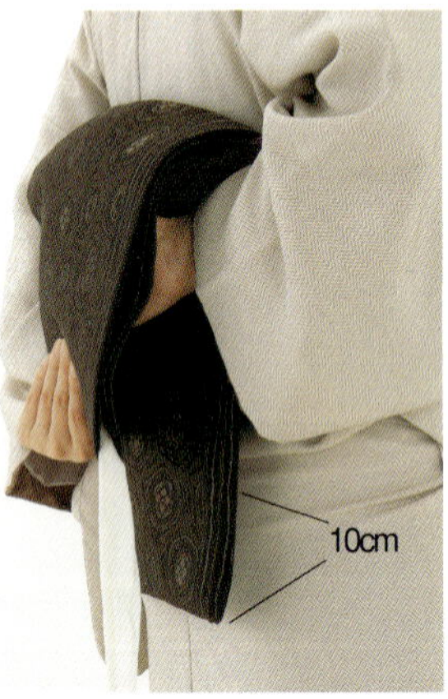

29 もう片方の手で、たれ先がお太鼓から約10cm出るように残し、帯を折り上げます。

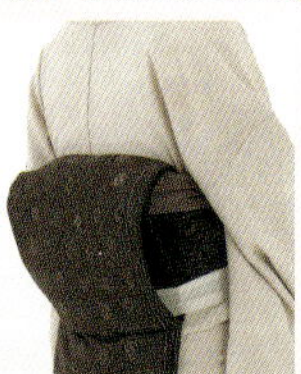

30 仮ひもは前で結びます。前帯にはさんでおいたて先をはずします。

帯締めと帯揚げを結ぶ

31 ての根元をまっすぐに整えます。

32 て先を後ろに回し、27の仮ひもと同じところに通します。

33 右側にて先が4～5cmほど出るように位置を決めます。

34 右手の甲で帯を押さえ、左手で帯締めの長さの中心を持って左側から入れ、右手に渡します。

35 左右の長さを均等に持ち、帯締めを結びます（36ページ参照）。

36 仮ひもをはずします。※中に通したて先が余るようなら、左側で折り込みます（35ページ41参照）。

37 帯揚げの仮結びをほどき、結び直します（37ページ参照）。

38 完成です。

★ここで確認★

- 帯山が背中についていますか？
- お太鼓の中心が背中心と合っていますか？
- たれの長さは10cm程度出ていますか？
- お太鼓の下側は、横から見て下の折り目が鋭角になっていますか？

笹角出し

お太鼓のアレンジで、左右に角を出した結び方です。通称「銀座結び」と呼ばれます。帯山には帯枕を使わず、一重太鼓よりもこなれた印象に仕上がります。名古屋帯で結び、小紋や紬、木綿のおしゃれ着に合わせます。

着物／竺仙

帯を体に巻く

1 帯板をつけます（30ページ参照）。て先を端から自分の身幅分＋15cmとって折り返し、わになった部分を右脇に当てます。帯幅のわは下側にします。

2 左手で押さえながら、二巻きして、帯の下側を持ちます。右脇に当てた、て先のわの部分を押さえながら軽く締めます。

3 最初に体に当てたて先を、左脇まで引き抜きます。抜いた部分を内側にねじり、軽く締めます。

4 たれを斜めに折り上げて、たれを上に、てとたれを重ねます。

5 たれを下からくぐらせて、一結びします。たれを持ち上げるようにしながら、て先を下に引き締めます。

6 結び目を縦にします。

角を作る

7 帯の前中心を右手で上から持ち、後ろ中心を左手で下から持ち、帯板ごと右方向に回します。

8 て先をたれの下から右側に出し、前帯にはさみます。

9 結び目近くのたれを広げます。

10 帯にはさんでおいたて先をはずし、広げた部分のたれをつぶすように、て先を当てます。

11 て先の上に仮ひもをかけて前で結びます。

12 37ページを参照して幅を六分の一に折った帯揚げを、たれの内側のて先の少し下に当てます。

13 て先の位置から、帯揚げと帯を一緒に上に持ち上げます。

六分の一に折った帯揚げを、しっかりと両手ではさんで持ちます。

14 帯を9の結び目の上に乗せます。帯山が帯の上線とほぼ同じ高さになりました。

15 帯揚げの端は前に回して結んで整えます(37ページ参照)。仮ひもははずします。

16 て先を下側が斜めに張り出すようにします。

これで、「角」の形が決まります。

17 横から見て角の下側が張り出しているか、鏡で確認します。

帯締めを結ぶ

18 たれ先から約20cmの位置に、帯の上から仮ひもを当て、帯と一緒に持ちます。

19 「角」のすぐ下まで持ち上げ、仮ひもを前で結びます。

20 ふくらみの中に帯締めを通します。帯締めで押さえたたれの余り分は、はずれやすいので後ろに倒しておきます。

21 ふくらみを持たせつつ、少し持ち上げるようにしながら帯締めを結びます（36ページ参照）。

22
完成です。

変わり矢の字

矢の字は半幅帯で結ぶ代表的な結び方です。現在市販されている半幅帯は長さにバラつきがあり、長いものと短いものでは50cmほどの違いがあります。本書でご紹介するのは短い帯にも長い帯にも対応した、矢の字のアレンジ結びです。

着物、帯、帯揚げ／青々庵

帯を体に巻く

1 帯板をつけます（30ページ参照）。て先から身幅半分を折り返し、わになった部分を右脇に当てます。

2 左手で帯を押さえながら、二巻きして帯の下側を持ちます。右脇に当てた、て先のわの部分を押さえながら軽く締めます。

帯を結ぶ

3 て先を左脇まで抜き、内側にねじってから幅を半分に折ります。

4 たれを上に、てとたれを重ねます。

5 たれを下からくぐらせて一結びします。このとき、完全には引き抜かず、40cmほど抜いたところで、たれの上に重なったほうとて先を締めます。

6 引き抜いたたれを下げます。

7 たれを内側に斜めに折ります。たれの折り山の先は右側に出します。

8 たれの中にて先を通します。

9 て先と7のたれの折り山を持って軽く締め、形を整えます。
※短い帯の場合は、ここで完成形です！

10 残ったたれ先を結び目と体に巻いた二巻きめの帯の間に通し、引き抜きます。

形を整える

11 たれがバランスのよい長さになるよう調節します。

12 帯揚げを結びます。たれを上げ、幅を六分の一に折った帯揚げを通します。※帯揚げは好みによって。つけなくてもかまいません。

13 たれをもどし、帯揚げを背中で仮に結びます。

14 帯の前中心を右手で上から持ち、後ろ中心を左手で下から持ち、帯板ごと右方向に回します。

15 帯揚げをほどいて結び直し（37ページ参照）、完成です。

浴衣を着る

着付けに**必要なもの**をそろえる

肌じゅばん

浴衣の下に着る下着です。夏は汗をかくので、特に汗の吸い取りのよい綿素材のものを選びましょう。

浴衣

ブラジャー

和装ブラジャーは胸のふくらみをなだらかにするパッドつきなので便利です。このほか、スポーツ用ブラジャーなども。

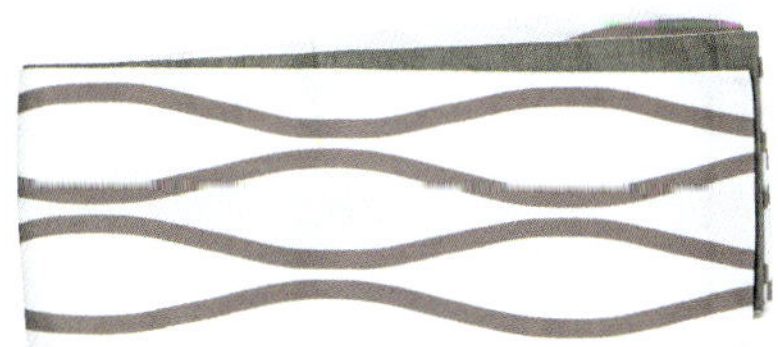

半幅帯

裾よけ

肌じゅばん同様、肌に直接つける下着なので、裾さばきのよいものを。ペチコートなどで代用できます。

※ほかにおすすめの下着は、ワンピース型や楽屋肌着など。17ページを参照。

伊達締め

着物の場合はコーリンベルトで締めましたが、浴衣は1枚で着るので伊達締めで安定させます。締めやすく、通気性のよい正絹がおすすめ。

ショーツ

ラインが出ないようレースやTバックのものを。薄い色の浴衣は透けるので、ベージュや浴衣と同色を選びましょう。

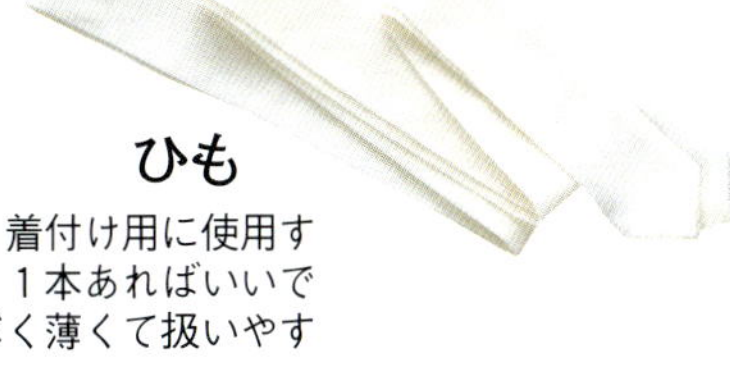

ひも

浴衣の場合は、着付け用に使用するだけなので、1本あればいいでしょう。なるべく薄くて扱いやすいものがベスト。

浴衣、半幅帯／堀井　肌じゅばん、裾よけ、ひも、ブラジャー／銀座くのや　伊達締め／福和商事

浴衣

下着、裾よけ、肌じゅばんをつけたあと浴衣を着付けます。浴衣の柄、コーディネートによっては、長じゅばんを着て半衿を見せたり、足袋をはいて着物感覚で楽しむこともできます。

はおる

1 体の後ろで背中心を基準に左右均等に開きます。

2 腕を広げて浴衣を肩にかけ、衿を片手で持って反対側の手を袖に通します。逆側も同様に通します。

3 両手を軽く伸ばしたあたりの衿を持ちます。浴衣を持ち上げながら左の脇線が体の左脇にくるように上前を合わせます。

4 同時に長さを決めます。くるぶしが半分隠れるくらいが目安です。おしりの部分は浴衣をぴったり体に合わせます。

5 そのまま脇線と裾線を動かさないように上前を開き、下前を入れ込みます。軽く褄を上げて、衿先を上前と腰の間にはさみ込みます。

6 褄を少し上げながら、そのまま上前を重ねます。

腰ひもを結ぶ

7 左手で上前の端を押さえたまま、右手で腰ひもの長さの中央を持ち、右腰骨のあたりに当てます。

8 後ろで交差させてから右腰骨のあたりで結びます(25ページ参照)。

おはしょり、衿元を整える

9 身八つ口から左右それぞれ後ろに手を入れ、おはしょりを整えます。腰ひもにはさみ込まれていないかを確認します。

後ろのおはしょりの中では、手のひらは後ろに向けて整えます。

10 同様に前のおはしょりも整えます。

11 左右の掛け衿の端を体の前中心で合わせます。これで背中心が合っていることが確認できます。

12 左右の掛け衿の先を合わせて片手で持ち、もう片方の手で背中心を持ちます。両方とも体の中心に合わせます。

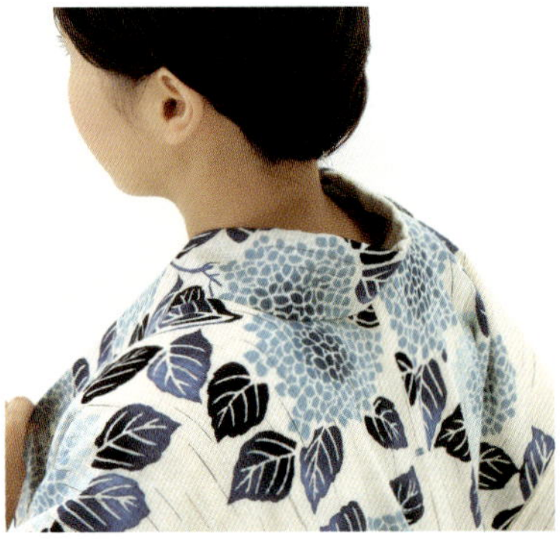

背中心を持った手を中心からずらさないように下に引き、後ろ衿をこぶし一つ分あけます。これを「衣紋を抜く」といいます。

13 下前の衿を胸のふくらみを覆うようにそわせます。衿を整えながら、左の身八つ口から左手を入れ、おはしょりを折り上げます。

※実際は上前をめくらずに折り上げます。

折り上げる位置は胸の下、伊達締めを結ぶあたりです。これは、補整とともに上前のおはしょりをすっきりと仕上げる効果もあります。

14 右手で上前の衿を持ち、衿を合わせます。衿の重なりは、のどのくぼみが見えるか見えないかくらいが目安です。

伊達締めを結ぶ

15 右手で上前を押さえたまま、伊達締めの長さの中央を持ちます。決めた衿を崩さないよう、右胸の高い位置からなで下ろすような気持ちで、右胸の下に当てます。

16 後ろで交差させてから、体の少し右寄りの位置で結びます（21ページ参照）。

しわを整える

17 伊達締めの上で後ろ身頃の脇を持って左右に軽く引き、背中のしわをとります。

浴衣を着られました！

★ここで確認★

……後ろ……

- 上半身の背中心の縫い目が体の中心と合っていますか？
- 衣紋はこぶし一つ分抜けていますか？

……前……

- 裾つぼまりに着られていますか？
- 衿合わせはのどのくぼみの位置になっていますか？
- 裾はくるぶしにかかるくらいになっていますか？
- 裾から下着が見えていませんか？

もし、着崩れていたら…

裾つぼまりに着られていない、裾から下着が見えている
→23ページ参照

衿が開いている →23ページ参照

裾丈が短い →29ページ参照

背中心がずれている →少しのずれならそのままで、気になるなら着付け直しを。

衣紋がかぶっている →71ページ参照

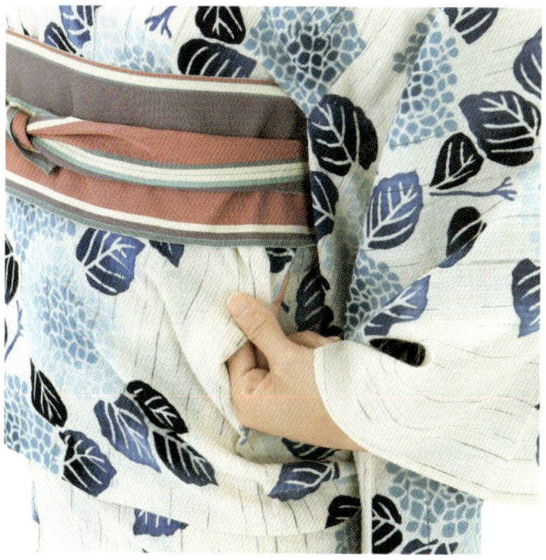

18 前身頃の脇のたるみは伊達締めの下から浴衣を下に引いてとります。

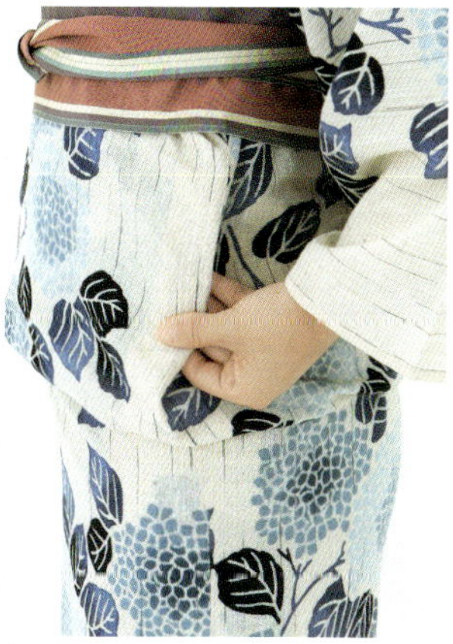

19 余りはたたむようにして、脇で後ろに倒すときれいに整います。このとき、力を入れすぎて衿元をあけないように注意しましょう。

20 おはしょりの背縫い近くを持ち、下に引きます。このとき、背縫いを中心に、おはしょりの片側だけがずれないよう注意しましょう。

帯

大人文庫

文庫結びは浴衣の基本でもある、羽を作る半幅帯の結び方です。かわいらしいイメージがありますが、大人の女性に似合うよう、少しアレンジしてご紹介します。羽の中心をたたまずに仕上げるので、落ち着いた印象になります。

帯を体に巻く

1 伊達締めの上に、帯板を後ろ向きにつけます。帯板は手が楽に入るくらいゆるめにつけます。

2 て先を端から自分の身幅分とって折り返し、わになった部分を右脇に当てます。

3 左手で押さえながら一巻きして、帯の下側を右手で持ちます。

4 もう一巻きして、右脇に当てたて先のわの部分を押さえながら、軽く締めます。

5 最初に体に当てたて先を、左脇まで引き抜きます。

6 抜いた部分を内側にねじり、軽く締めます。

羽を作る

7 ての幅を半分に折ります。たれを斜めに折り上げます。

8 体の前中心で、てを上にして、てとたれを重ねます。

9 てを下からくぐらせ、一結びします。

10 てを肩に掛け、たれの裏側が出るように広げます。

11 羽を作ります。たれ先から肩幅より少しせまいくらいの長さをとり、裏側に折ります。

12 もう一折りします。

13 もう一折りして、羽を胸の前に持ってきます。

このとき、羽の長さの中央が帯の結び目(体の中央)にくるように、羽の位置を調節しておきます。

14 肩に掛けておいたてを、羽の中心にくるように下ろします。

15 て先を体に巻いた帯と結び目の間に通します。

16 上に引き抜きます。

17 引き抜いたて先を、帯と伊達締めの間に入れます。

18 下から引き抜きます。

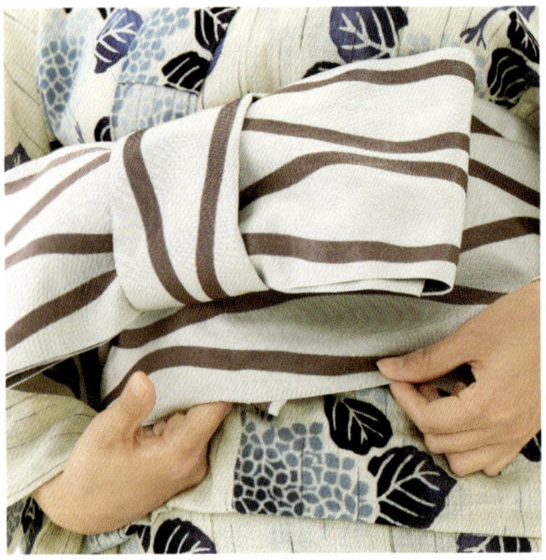

19 余ったて先は、たたんで帯の間に入れます。

形を整える

20 羽の形を整えます。左右の羽の大きさがそろっているかを確認します。

21 帯の結び目を右手で上から持ち、後ろ中心を左手で下から持ち、右回りに帯を回します。反対に回すと胸元が崩れるので、注意しましょう。このとき、帯板も一緒に回します。

22 完成です。羽が帯の中心にきているか確認しましょう。

片流し

片側に羽を2枚作る、文庫結びのアレンジです。形よくまとめるには、2枚の羽の長さを変え、立体感を出すのがポイントです。羽が片側だけでほどけやすいので、て先できっちりと巻いて仕上げましょう。

浴衣、半幅帯／竺仙

帯を体に巻く

1 帯板をつけます。て先を端から自分の身幅分とって折り返し、わになった部分を右脇に当てます。

2 左手で押さえながら二巻きして、帯の下側を右手で持ちます。右脇に当てた、て先のわの部分を押さえながら、軽く締めます。

3 最初に体に当てたて先を左脇まで引き抜きます。抜いた部分を内側にねじり、軽く締めます。

4 たれをひじで押さえ、ての幅を半分に折ります。たれを斜めに折り上げます。

5 体の前中心で、てを上にして、てとたれを重ねます。

羽を作る

6 てを下からくぐらせ、一結びします。てを肩に掛け、たれの裏側が出るように広げます。

形を整える

7 羽を作ります。たれを結び目から身幅より少しせまいくらいの長さで折ります。

8 2枚めは1枚めより少し短くなるように折ります(★)。このとき、羽の根元の折り返し部分が、中央を少し過ぎるように気をつけます。これは、て先でしっかりと押さえられるようにするためです。

9 羽の幅の中央に山を作り、両端を反対に折り上げます。これで、一つ山ひだができました。

10 肩に掛けておいたてを下ろし、山ひだの中央に巻きつけて下から体に巻いた帯と結び目の間に通します。上に引き抜き、しっかり締めます。

11 引き抜いたて先を、帯と伊達締めの間に入れます。

12 て先を下から引き抜き、たたんで体に回した帯の間に入れます。これは結び目の支えにもなります。

13 羽を下向きに折り、先を広げて形を整えます。結び目を右手で上から持ち、後ろ中心を左手で下から持ち、右回りに帯を回します。反対に回すと、胸元が崩れるので、注意しましょう。このとき、帯板も一緒に回します。

14 完成です。羽が帯の中心にきているか確認しましょう。

割り角出し

半幅帯でできる、角出し風の結び方です。複雑そうに見えますが、仮ひもも使わず、初心者でも簡単にトライできます。たれの大きさで雰囲気を変えることができるので、自分に似合うよう、バランスを見ながら仕上げましょう。

帯を体に巻く

1 帯板をつけます。て先を端から自分の身幅の半分とって折り返し、わになった部分を右脇に当てます。

2 左手で押さえながら二巻きして、帯の下側を右手で持ちます。右脇に当てた、て先のわの部分を押さえながら軽く締めます。

3 最初に体に当てたて先を、左脇まで引き抜きます。抜いた部分を内側にねじり、軽く締めます。

4 ての幅を半分に折ります。体の前中心で、たれを上にして、てとたれを重ねます。

5 たれを下からくぐらせて一結びし、抜ききって締めます。

角を作る

6 結び目から20cmくらい先まで、たれの帯幅をわが左側になるように半分に折ります。

浴衣、半幅帯／堀井

お太鼓を作る

7 て先をたれの下からくぐらせて右側に折り上げ、わを作ります。

8 てのわの中から、たれを引き抜きます。

9 そのまましっかりと結びます。この両端が「角」になります。右側の角の長さは左側に合わせます。

10 たれ先を結び目と体に巻いた帯の間に下から通して、引き抜きます。

11 引き抜いたれを結び目にかぶせます。

12 たれをもう一度、10と同じところに通し、引き抜きます。

形を整える

13 今度は引ききらずに、お太鼓になる部分にふくらみをもたせてたれをかぶせ、形を整えます(お太鼓のふくらみは帯の長さと好みによって変えてください。帯が長い場合はさらに2回、3回と巻きつけて調節します)。　右手で結んだ帯を、左手で後ろ中心を持ち、帯板ごと右方向に回します。反対に回すと、胸元が崩れるので、注意しましょう。

14 完成です。お太鼓が帯の中心にきているか確認しましょう。

arrange!
お太鼓部分を長めに取り、かぶせるほうを短くしてメリハリをつけた仕上がりです。さらに左右のバランスをとるため、右側の角を開いて完成です。

お太鼓風

お太鼓風結びは半幅帯でお太鼓の雰囲気が楽しめる結び方です。浴衣といえば、長じゅばんや帯締めなしで着る方がほとんどでしょうが、着物の柄やコーディネートによっては、着物風に着こなすこともできます。お太鼓風結びは帯締めを使い、ややカチッとした仕上がりになります。この場合は半衿をつけ、足袋をはいて着こなしています。

帯を体に巻く

1 帯板をつけます。て先を端から自分の身幅分とって折り返し、わになった部分を右脇に当てます。

2 左手で押さえながら一巻きして帯の下側を右手で持ちます。右脇に当てた、て先のわの部分を押さえながら、軽く締めます。

お太鼓を作る

3 最初に体に当てたて先を、左脇まで引き抜きます。抜いた部分を内側にねじり、軽く締めます。

4 ての幅を半分に折ります。体の前中心でたれを上にして、てとたれを重ねます。

5 たれを下からくぐらせ、一結びします。ここでたれを抜ききらず、たれ先を帯下線から5〜10cmほど残して締めます。

6 てと引き抜いたたれの外側１枚を締めます。

浴衣、半幅帯／堀井

7 引き抜いたたれは肩に掛けておきます。て先は半分に折ったまま、帯の左側にはさんでおきます。

8 肩に掛けておいたたれを下ろし、少し斜めにずらしながら折り上げます。好みのバランスで構いません。

9 はさんでおいたて先をはずします。

10 て先を左側からお太鼓の中に通します。

帯締めと帯揚げを通す

11 て先の上に帯締めを渡し、後ろか脇(自分の結びやすい位置)で結んでおきます。

12 たれの内側にたたんだ帯揚げを通し、仮に結びます。帯締めの結び目はお太鼓の中に隠します。

形を整える

13 右手でお太鼓を上から持ち、左手で後ろ中心を下から持ち、帯板ごと右方向に回します。反対に回すと胸元が崩れるので、注意しましょう。

14 帯揚げの仮結びをほどき、結び直して完成です。お太鼓が帯の中心にきているか確認しましょう。

もっと楽しくなる！ 帯結びの豆知識

帯結びの種類

帯結びには多くの種類がありますが、大きく分けると結ぶときに「たれ」が上にくるタイプと、「て」が上にくるタイプの2種類。本書でご紹介した帯結びは、下記のように分類されます。

たれが上にくるタイプは、たれを広げて作る結び方で、代表的なものは袋帯で結ぶ二重太鼓です。これをやや簡素化した結び方が、名古屋帯で結ぶ一重太鼓です。また、両脇にてをはり出した笹角出しや変わり矢の字なども同じ仲間になります。

てが上にくるタイプは、たれで作った羽にてを巻きつけ、蝶結びにする結び方です。代表的なものは文庫（本書では大人文庫）です。片流しもこの仲間になります。

帯結びは着付けの最大の難関、と苦手意識のある方もいるでしょう。しかし、基本は2種類であとは結び方が違うだけ。そう考えれば、ずいぶん気も楽になりますね。

本書を参考にしっかり練習して、いろいろな結び方にチャレンジしてください。

てが上にくるタイプ

大人文庫

片流し

たれが上にくるタイプ

割り角出し

笹角出し

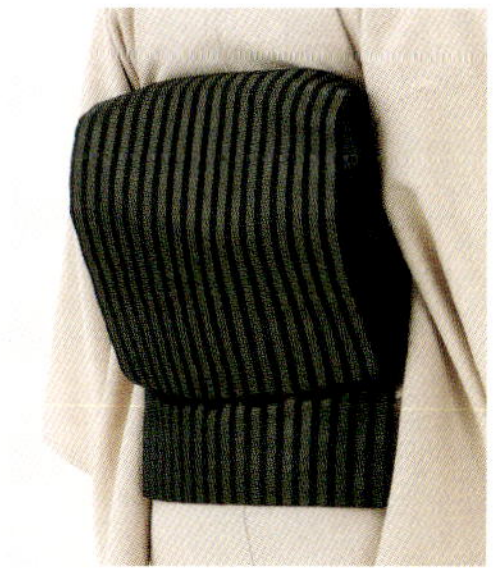

一重太鼓

お太鼓風

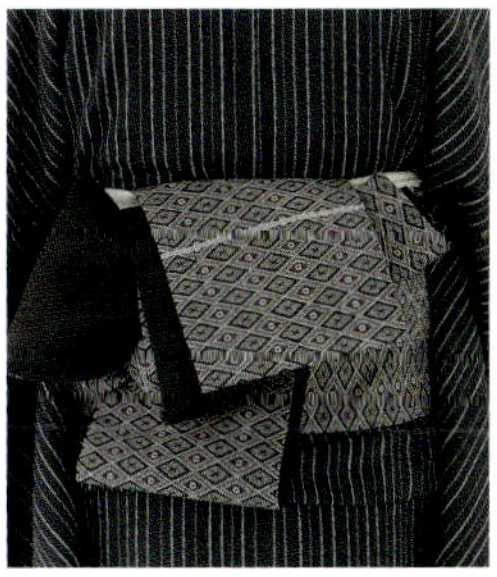

変わり矢の字

二重太鼓

半幅帯の前帯アレンジ

半幅帯は基本的に帯揚げも帯結びもなしで着るので、前帯に変化がなく、ちょっとさみしい…。そんなときは前帯にも変化をつけて楽しんでみませんか？　簡単にできる前帯のアレンジを2種類ご紹介します。

結び方

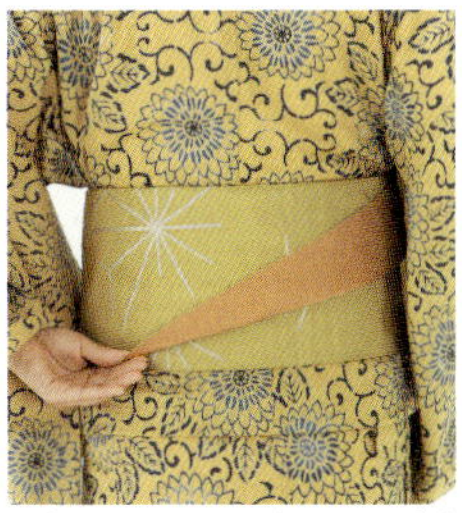

帯を体に巻くとき、二巻きめで折り返します。帯結びのときは、裏側が見えることになります。最後に右方向に回して、でき上がり。

前帯の折り返し

前帯の部分を折り返し、裏側を見せています。半幅帯の場合、リバーシブルで裏側が全く別の色になっているものも多いので、意外な色合わせを楽しむことができます。

ぶっ違い

前帯を斜めにずらしただけなのですが、下に巻いた帯がちらっと見えてアクセントになり、とっても素敵。帯を結んでから、帯の脇を外側1枚だけ持ち、それぞれ上下にずらして完成です。

着物についての基礎知識

着物の種類やアフターケア、
マナーや着崩れの対処法など、
着物美人を目指すために欠かせないポイントばかりです。
着物だけでなく、帯や小ものの知識も合わせて押さえておきましょう。

着物の種類と格について

着物にはいくつもの種類があり、それぞれ着て行くシーンや季節などに決まり事があります。礼装ではないおしゃれ着の着こなしでは、あまりとらわれる必要はありませんが、着物をよく知れば、自分に必要なもの、ふさわしいものが見えてくるでしょう。さらに興味がわくかもしれません。

着物は反物の製作過程の違いにより「染めの着物」と「織りの着物」に分かれています。「染めの着物」は染めていない糸を織り、生地に仕立ててから染めや刺しゅうなどを施すものです。着物の種類で挙げると、黒留袖、色留袖、振り袖、訪問着、付け下げ、色無地、小紋、などのことです。

「織りの着物」は逆に染めた糸を織った反物で作った着物で、糸の染め方により絣（かすり）や縞などの柄を表します。着物の種類では、紬や木綿のことを指します。

フォーマルとカジュアル

着物には先に挙げた織りの着物と染めの着物とは別に、種類ごとに礼装から日常のちょっとしたお出かけに着るよそゆきまで、「格」によって分かれています。この「格」は大まかにいってフォーマルなものとカジュアルなもの、2種類に分けられます。この2種類をもとに着物をご紹介しましょう。

小紋

フォーマルなもの

・黒留袖

黒地に裾模様が入ります。裾模様はおめでたい「吉祥文様（きっしょうもんよう）」や古典的な「有職文様（ゆうそくもんよう）」などが使用されます。

既婚者の第一礼装として、結婚式のとき仲人や、新郎新婦の母親または親族が着用します。両胸、背中心、後ろの両袖の五箇所に家紋を染め抜きます。

衿、袖口、振り、褄は比翼（ひよく）仕立て（着物をもう一枚重ねたように見える仕立て）になっています。

・色留袖

黒以外の地色に、裾模様が入ります。

既婚、未婚に関わらない礼装です。五つ紋を入れると黒留袖と同格の第一礼装、三つ紋、一つ紋は準礼装となります。準礼装の場合は親族以外の結婚式やパーティに着用します。

黒留袖同様、比翼仕立てにするのが基本ですが、パーティなどの華やかな席では、伊達

衿だけでも。伊達衿は着物の色に似合う色のものにすると、より華やかになります。

・振り袖

全体に絵羽模様という縫い目にまたがる豪華な柄が描かれています。

一般的に未婚女性が着用する第一礼装として、成人式や結婚式のお呼ばれなどに着用します。

袖の長さにより、「大振り袖」、「中振り袖」、「振り袖」、「小振り袖」と呼び方が分かれます。最も袖の長い大振り袖の格が一番高いとされています。

・訪問着

肩、胸、袖、裾にかけて絵羽模様が描かれています。留袖に比べ、模様のつけ方や着こなしが自由で、華やかさを持っています。

留袖、振り袖に次ぐ準礼装として、結婚式のお呼ばれやフォーマルなパーティ、目上の方への改まったときの訪問などに着用します。

三つ紋または一つ紋をつけると、さらに格が高くなります。

・付け下げ

左の肩から胸、左の内袖、右の外袖、前・後ろ身頃に柄がついています。柄はすべて上向きで、絵羽模様と違い、縫い目にまたがらないでつけられています。

訪問着よりややくだけた印象の社交着で、格は下がりますが、結婚式のお呼ばれやフォーマルなパーティなどに着用できます。派手さはないものの、その分コーディネートによってきちんとしたものから、ややこなれた感じまで幅広く利用できます。

・色無地

一色で無地に染められた着物です。

三つ紋や一つ紋をつけると略礼装として着用できます。この場合、明るい色で吉祥文様や有職文様などの地紋(織り柄)を選ぶと、入学式や結婚式などの慶事用、くすんだ色で仏事にちなんだ梵字などの地紋を選ぶと、法事などの弔事用に分かれます。中間色で紗綾形や立涌などの地紋や、または地紋のないものを選ぶと、慶事、弔事両用できます。

紋をつけなければ、プライベートなシーンでのおしゃれ着になります。

紬

カジュアルなもの

・小紋

同じ模様が全体にくり返された着物です。カジュアルな着物の中でも、華やかでおしゃれ感があり、観劇やプライベートなパーティに向いています。

染めの種類には京友禅や加賀友禅、江戸小紋などがあります。その中でも江戸小紋は格が高く、特に一つ紋をつけると色無地と同格の準礼装となります。

・紬

もとはくず繭から作られた普段着の着物として生産されていました。

生産地は各地にあり、奄美大島の大島紬や、茨城の結城紬などが知られています。

基本的に織りの着物ですが、白生地に織り上げ、訪問着や色無地、小紋などの染めを施した後染めのものもあります。なかでも、訪問着や色無地は紋を入れ、準礼装として着用することもあります。

・木綿

木綿で織られた日常用の着物です。生地は丈夫で、素朴な味わいがあります。

地厚のものは裏をつけずに単衣で、薄手のものは木綿や絹などの裏をつけて袷で着用します。

柄は井桁や十字絣などの絣や、縞などがあり、生産地は久留米絣や伊予絣、会津木綿等が代表的です。

・浴衣

最もなじみのある、素肌に着る夏用の着物です。木綿素材で型染めのものが一般的です。

夏祭りのようなカジュアルなシーンでの着用が主ですが、柄や素材によっては半衿をつけ足袋を合わせると、よそゆきにもなります。

浴衣

帯の知識

着物とのコーディネートによって、全体の着こなしを左右する重要なアイテムです。帯にも多くの種類があり、着物にふさわしい格があります。

帯の種類

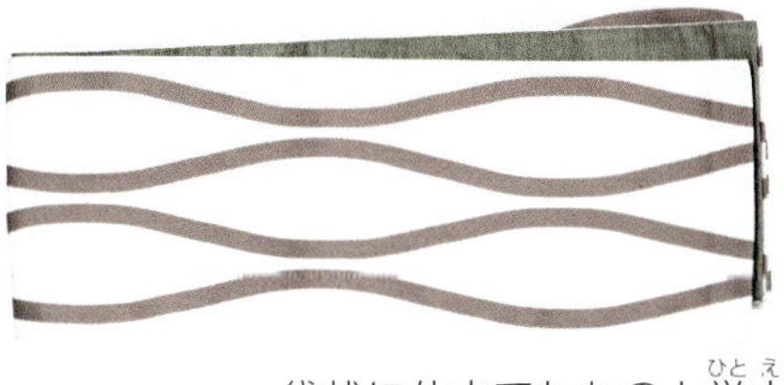

半幅帯

幅四寸(15cm)、長さ九尺五寸(3m60cm)以上のものです。

袋状に仕立てたものと単衣があり、最近はリバーシブルに織られたものもあります。

袋帯や名古屋帯の半幅であるところから、半幅帯と呼ばれています。

袋状に仕立てたものは小紋や紬などのおしゃれ着に、単衣やリバーシブルのものは主に浴衣に合わせます。

袋帯

幅八寸二分(31cm)、長さ一丈一尺(4m20cm)以上のものです。2枚を合わせて端をかがっています。

表の柄は金糸、銀糸を使って吉祥文様や有職文様などをあらわした豪華なものは、留袖や振り袖、訪問着などに合わせます。金糸銀糸を使用しないものは洒落袋とよばれ、付け下げや小紋、紬にも合わせます。

二重太鼓に締め、振り袖の場合は文庫結びなどにもします。

袋名古屋帯

幅八寸(30cm)、長さ一丈二尺二寸(4m62cm)以上のものです。芯を入れない単衣仕立ての帯で、お太鼓部分を1m20cmほど折り返します。お太鼓の折り返しとて先だけをかがって仕立ててあります。

仕立ての簡単な袋帯と締めやすい名古屋帯の長所を合わせ持つところから、この名がつきました。またその特徴から八寸帯、かがり帯とも呼ばれます。

合わせる着物は名古屋帯と同じです。

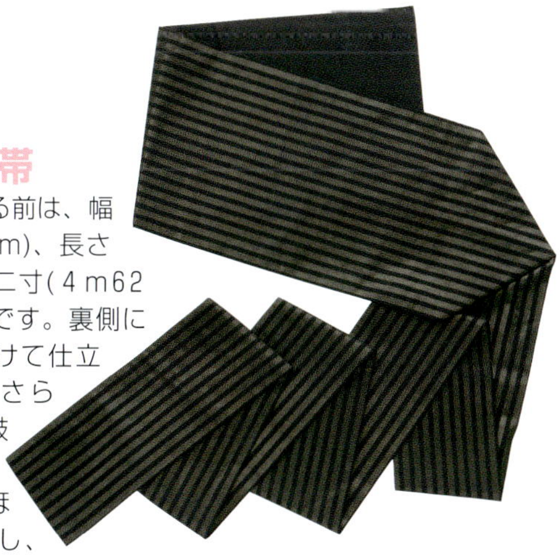

名古屋帯

仕立てる前は、幅九寸(34cm)、長さ一丈一尺二寸(4m62cm)以上です。裏側には芯をつけて仕立てます。さらに、お太鼓部分は1m20cmほど折り返し、帯幅は袋帯と同じ幅にします。体に巻く部分を半幅に折ってあるものが多く、袋帯よりは扱いは楽です。

仕立て上がりの長さは袋帯よりも短くなり、一重太鼓に締めます。

ひらき名古屋帯

名古屋帯や袋名古屋帯で、体に巻く部分が半幅に折られていないものをひらき名古屋帯といいます。この帯は、体に巻く帯幅を自分の体型や好みに合わせ、自由に調節できます。帯結びに少し慣れてきたら、挑戦してみましょう。

柄のつけ方

袋帯

全通柄

六通柄

お太鼓柄

名古屋帯

全通柄

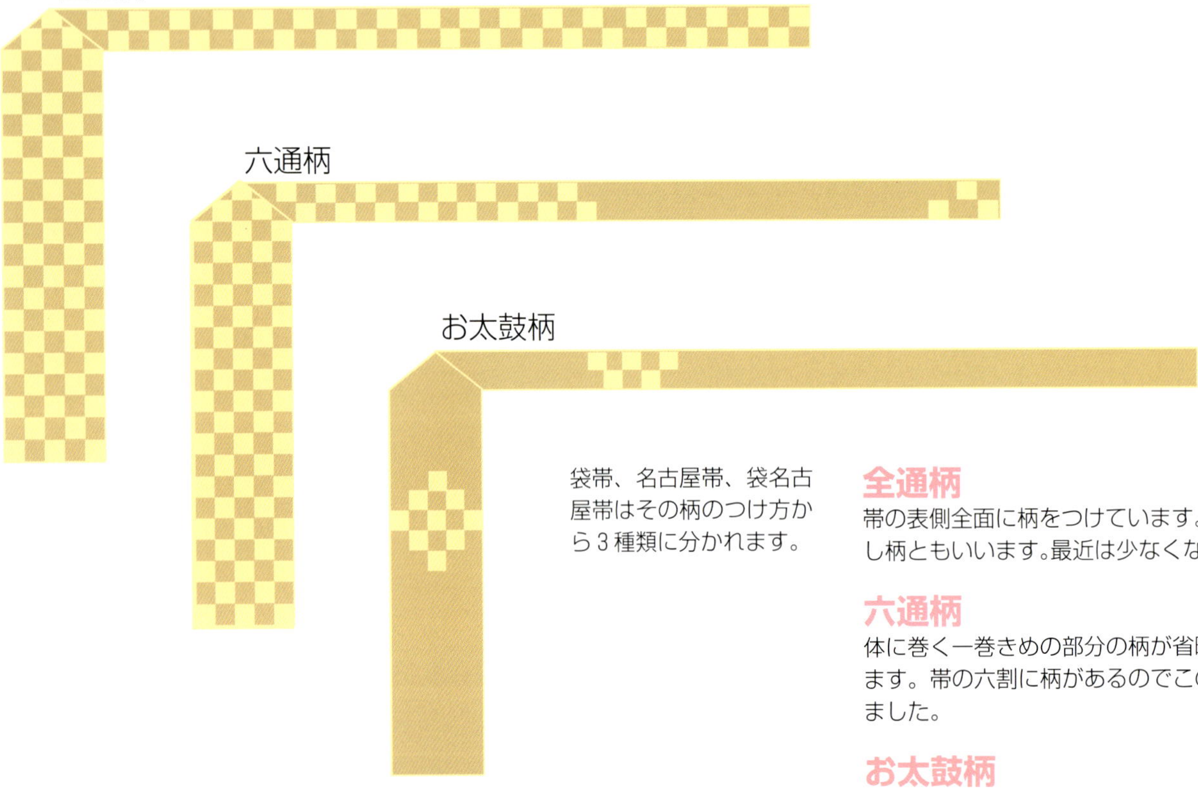

袋帯、名古屋帯、袋名古屋帯はその柄のつけ方から３種類に分かれます。

全通柄

帯の表側全面に柄をつけています。総柄、通し柄ともいいます。最近は少なくなりました。

六通柄

体に巻く一巻きめの部分の柄が省略されています。帯の六割に柄があるのでこの名がつきました。

お太鼓柄

お太鼓を結ぶための帯です。帯を結んだとき、前帯とお太鼓になる部分だけ柄がついています。ポイント柄、飛び柄ともいいます。

立ち居振る舞い

きちんとした立ち居振る舞いが身についていると、見た目に美しいだけでなく、必要以上に着崩れたり、汚れたりすることを防ぐことができます。最初はぎこちないかもしれませんが、意識して少しずつでも美しい動作を身につけていきましょう。着物姿がよりいっそう引き立って見えます。

悪い例

良い例

帯／竺仙

基本の姿勢

まずはじめに覚えたいのが立ち姿です。

着物は基本的に直線で構成されているので、姿勢が悪いと目立ちます。よく見かけるのが、写真左のような状態です。首を前に出し、お腹も出ていてだらしない印象を与えます。また、着崩れもしやすくなります。

美しいのは写真右のように軽く胸を張り、お腹を引っ込めて、自然に真っすぐ立った姿勢です。このとき気をつけるのは肩の位置です。やや後ろにそらし、肩甲骨をよせて少し下げるようにすると、背筋が自然と伸びます。

歩き方

歩くときは洋服のときよりも、歩幅を小さめに、そしてやや内股にすることを心がけましょう。特に、普段大股で歩いている人は少し意識して。歩くたびに裾が大きくめくれ上がっては、せっかくの着物姿が台無しです。

ただし、無理をして内股にしたり、極端に小股にする必要はありません。足の親指に軽く力を入れて歩くと自然な内股になります。

小股で歩くと、当然ですが同じ距離でもいつもより時間がかかります。時間にはゆとりを持って行動しましょう。

着物に慣れるまでは、歩くのに不自由な思いをするかもしれません。そのときは「裾割り」をしておきましょう。着物の裾を左右に持ち上げてから足を外股にして肩幅に開き、2・3回ひざを曲げるだけです。着物の裾が広がり、歩きやすくなります。裾割りをしたら、必ず着物の乱れを直すのを忘れずに。

汚れに気をつける

着物は気軽に洗うことができません。汗やほこりなどは仕方ありませんが、不用意に汚さないよう気をつけることが肝心です。

外出時は乗り物のシート、レストランなどでも、テーブル回りや椅子の足下などが汚れていないかよく確認してから座るようにしましょう。

また、歩くときも同様です。特に、雨の後など、路面がぬれているときは、知らないうちに泥はねがつくことがあります。充分注意しましょう。

階段の上り下り

つい、忘れてしまいがちなのが階段です。上るときは、必ずもものあたりで軽く上前を持ち、裾を上げましょう。

裾を上げないと左の写真のように上前の褄先が床についてしまい、裾が汚れます。また、後ろの足首が見えてしまい、あまり上品ではないので、前の足を上げると同時に後ろのかかとを上げるように上りましょう。下るときも同様に、後ろの裾が床につかないように注意します。

階段の上り下りのように右手で褄を押さえるときは、荷物はまとめて左手で持つときれいに見えます。

良い例

悪い例

座り方

畳の部屋で正座をするときは、両足をそろえて立った状態から右足を少し後ろに引きます。ゆっくりひざを曲げ、上前の褄がはだけないよう、ひざ下をなでるように整えながら座ります。座布団がある場合は、座布団を前にして、一度畳に座ります。そして、座布団の中程に両手をついて体を前に滑らせるように移動します。

椅子に座る場合は、ひざの少し上で上前の褄と下前を両手で持って軽く持ち上げながら座ります。背もたれに当たって帯がつぶれないよう、浅く座りましょう。

手元の動作

少し遠くにある物をとるときは袂がじゃまにならないよう、反対側の手で押さえます。このとき、腕が大きく見えないよう注意しましょう。押さえる手には力を入れず、軽くそえるように。

食事のときは必ず大判のハンカチかナプキンをひざに広げ、着物を汚さないよう気をつけましょう。ハンカチは手を拭く以外にも、着物を汚したときの応急処置にも役立ちます。外出時は多めに用意しておきましょう。

車に乗るとき

シートに背を向けて立ちます。ひざの少し上で上前の褄と下前を両手で持って軽く持ち上げながら、シートに対して横向きに浅く座ります。つぎに、上前を押さえながら、両足をそろえ、体を回転させて前向きに座ります。車内では帯がつぶれないよう、浅く座ります。走行中はバランスを崩しやすいので、取っ手や前の座席につかまるとよいでしょう。降りるときは、体を回転させ、足を先に外に出します。このときも、着物を汚さないよう褄を押さえます。車から降りたら、帯などが着崩れていないかを確認します。

着物で車に乗るときは車内で座席を移動するのはできれば避けたいものです。何人かで乗る場合は、助手席や後部座席の入り口に近いほうに乗りましょう。

お手洗いに行くとき

お手洗いは洋式だとしゃがむ必要がないので、和式より着崩れも少なくすみます。

用を足すときは、先に袂を帯にはさんでおくとよいでしょう。つぎに着物の裾をめくり、褄先を帯にはさみます。同様に長じゅばん、裾よけの順でめくります。

終わったら、今度は裾よけから順に一枚ずつ下ろしていきます。着物の裾を上げると帯のたれが上がっていることが多いので、必ず最後に後ろ姿を鏡で確認しましょう。

着崩れの直し方

着物を長時間着ていると、多少の着崩れはあるものです。しかし、自分で簡単に直せる対処方法を知っておくと着崩れを気にせず自然に動くことができますね。

衿元が浮いたら

①

②

③

①左右の身八つ口からそれぞれ手を入れます。長じゅばんの衿先を持って左右に引き、浮いた衿を直します。

②左の身八つ口から手を入れ、着物の下前の衿を持ち、右手は上前の衿を持ちます。長じゅばんと同様に左右に引いて衿を直します。

③手を入れると身八つ口が浮くので、最後に脇のおはしょりを下に引いて整えます。

腰ひもがゆるんだら

①おはしょりをめくり、腰ひもの結び目の下に手を入れます。

②そのまま腰ひもにそって後ろまでたどり、交差した部分を左右に引きます。

③ゆるみ分がもどらないよう、ひもをたどって前にもどり、結び直します。

お太鼓がゆるんだら

着付けたときは背中にぴったりとついていた帯山がゆるんできたときは、帯枕のひもがゆるんできたということです。

①帯と着物の間に手を入れ、帯枕のひもを引き出します。

②ひもを結び直したら、着付けのときと同様に結び目を前に引き、もう一度中に入れ込みます。

帯がゆるんできたら

①帯を下側から持ち上げ、元の高さに戻します。

②ゆるんだ帯と着物の間にたたんだハンカチなどをはさみます。

③帯締めをほどいて結び直します。

④帯のしわを両脇によせて後ろ脇でタックをとります。

褄が落ちたら

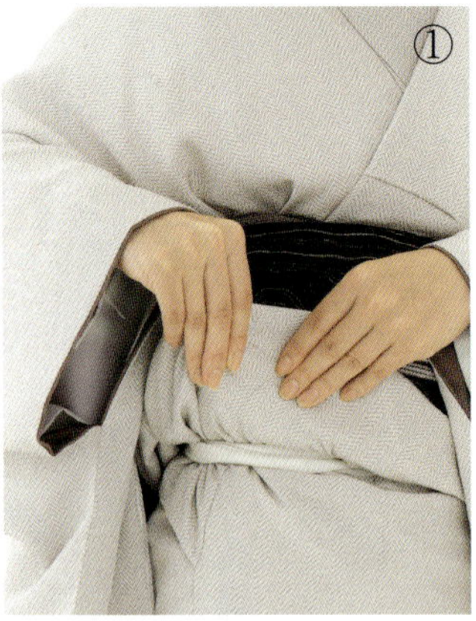

①おはしょりをめくり上げ、腰ひものすぐ上の一枚のみ、上に引いて裾を持ち上げます。

②おはしょりを元にもどし、整えます。

③褄が少し上がった状態に戻りました。

衣紋がかぶってきたら

①着物の裾をまくり上げ、帯の下あたりから長じゅばんを下に引きます。終わったら着物の裾を元にもどします。

②長じゅばんを引くと帯の上にしわがよるのでおはしょりを軽く下に引き着物を整えます。

胸元が苦しくなってきたら

着つけたときは気にならなくても、食事をしたり、動いているうちに胸元が苦しくなってくることがあります。胸元を直接締めるのは伊達締めだけなので、伊達締めをはずすだけでも楽になります。

①右の身八つ口からそっと手を入れ、長じゅばんを締めている伊達締めの結び目をほどいて、身八つ口から静かに抜きます。

②身八つ口から手を出したら、脇のおはしょりを引いて、身八つ口の浮きを整えます。

長じゅばんは着物と帯で押さえられているので、伊達締をはずしてもはだけてきません。

着物に合わせる小ものの決まり

それぞれの着物に釣り合う小ものの一覧です。慣れてくれば自分なりの合わせ方を見つけられますが、はじめは一般的なルールにそって選びましょう。

	帯	長じゅばん	半衿	帯締め	帯揚げ	バッグ	はきもの
黒留袖	金・銀糸を使用した袋帯	白の紋綸子(吉祥文様の地紋)	白、白地に白・金・銀糸の刺しゅう	組みひも(金、銀、白)、白の丸ぐけ	総絞り、紋綸子(白、金、銀)	錦(金、銀)、革、エナメル	草履(金銀の錦、革)
色留袖	金・銀糸を使用した袋帯	白の紋綸子(吉祥文様の地紋)	白、白地に白・金・銀糸の刺しゅう	組みひも(金、銀、白)、白の丸ぐけ	総絞り、紋綸子(白、金、銀)	錦(金、銀)、革、エナメル	草履(金銀の錦、革)
振り袖	金・銀糸を使用した袋帯	色の紋綸子(吉祥文様の地紋)、ぼかし	白、白地に白・金・銀糸の刺しゅう	組みひも、丸ぐけ(金、銀、色もの)	総絞り(白、色もの)、紋綸子(白、金、銀、色もの)	錦(金、銀、色もの)、ビーズ、エナメル	草履(金銀の錦、エナメル、ビーズ)
訪問着	金・銀糸を使用した袋帯	色ものの無地、ぼかし	白、白地に白・金・銀糸の刺しゅう	組みひも(金、銀、色もの)	総絞り(色もの)、紋綸子(色もの、ぼかし)	錦(金、銀、色もの)、革、エナメル	草履(金、銀、色ものの錦、エナメル)
色無地 フォーマル(紋つき)	金・銀糸を使用した袋帯	色ものの無地、ぼかし	白、白の刺しゅう	組みひも(金、銀、色もの)	綸子(ぼかし、色もの)、飛び絞り(色もの)	錦、革、エナメル	草履(色ものの錦、エナメル)
色無地 カジュアル(紋なし)	洒落袋帯、名古屋帯		白、色ものの刺しゅう	組みひも(色もの)			
付け下げ	金・銀糸を使用した袋帯、織の名古屋帯	色ものの無地、ぼかし	白、白地の刺しゅう	組みひも(金、銀、色もの)	綸子(ぼかし、色もの)、飛び絞り(色もの)	錦、革、エナメル	草履(色ものの錦、エナメル)
小紋	袋帯、名古屋帯、半幅帯	色ものの無地、ぼかし、柄	白、白地の刺しゅう、色もの	組みひも(色もの)	綸子(ぼかし、色もの)、飛び絞り(色もの)、縮緬(ぼかし、色もの)	好みのもの	草履、下駄(好みのもの)
紬	名古屋帯、半幅帯	色ものの無地、ぼかし、柄	白、色もの(無地、小紋柄、刺しゅう)	組みひも(色もの)	絞り(色もの)、綸子(ぼかし、無地)、縮緬(ぼかし、無地)	好みのもの	草履、下駄(好みのもの)
木綿	名古屋帯、半幅帯	色ものの無地、ぼかし、柄	白、色もの(無地、小紋柄)	組みひも(色もの)	絞り(色もの)、綸子(ぼかし、無地)、縮緬(ぼかし、無地)	好みのもの	好みのもの
浴衣	名古屋帯、半幅帯	なし、または白・色ものの無地	なし、または白、色もの(無地、小紋柄)	なし、または組みひも	なし、または絽	好みのもの	好みのもの

衣更えの時期

着物を着ることには、古くからの習慣や決まりごとがついてまわりますが、衣更えの時期もその一つ。生活環境が変化した現代ではこれらすべてに従う必要はありませんが、季節感を味わう術を上手にとり入れたいものです。

四季の気温の変化によって、着物の仕立ては変わり、それに合わせて衣更えをします。それぞれの仕立ての着物を着る時期には下記のように決まりがあります。古くは、この日にちを守る習慣がありました。しかし、冷暖房の完備された室内で生活し、温暖化が進む現在では気温の変化に合わせて柔軟に対応するようになっています。

袷の着物は10月から翌年の5月まで、一年を通じて最も長く着る仕立てです。この間にも気温は変化するので、春先や秋口には長じゅばんの仕立てを無双袖や単衣の仕立てのものに変え、体温調節をします。

暦の上では単衣の着物は6月に着ることになっていますが、実際には4月下旬ころから着はじめてよいでしょう。同時に帯も、袷帯の中でも軽やかな素材のもの、単帯、夏帯と、少しずつ先取りして合わせていきます。

さらに6月上旬あたりから着物の素材が薄ものに変わり、これは9月上旬くらいまで着ます。

9月中旬くらいからふたたび単衣の着物に替え、10月のはじめには袷の着物に変わります。

日本の気候は、地域によって差があるので、衣更えの時期も異なります。自分の周囲の気温の変化にも対応しつつ、その季節ならではの着こなしを楽しみましょう。

		3月	4月	5月	6月	7月	8月	9月	10月	11～2月
着物	古くからの習慣	袷			単衣	薄もの・夏紬・麻		単衣	袷	
	柔軟に対応すると…	袷	単衣			薄もの・夏紬・麻		単衣	袷	
長じゅばん	古くからの習慣	無双袖			単衣	薄もの		単衣	無双袖	袷
	柔軟に対応すると…	無双袖	単衣			薄もの		単衣	無双袖・袷	
帯	古くからの習慣	袷			単帯	夏帯		単帯	袷用の帯	
	柔軟に対応すると…	袷用の帯	単衣帯			夏帯		単帯	袷用の帯	

袷：同形の表布と裏布を縫い合わせて仕立てた着物。表は前後身頃とおくみ、衿から構成される。裏はさらにこれを腰から上下に分け、上を「胴裏」、下を「裾回し」または「八掛」と呼ぶ。

単衣：裏をつけた着物に対し、表布1枚で仕立てることを指す。

薄もの：夏に着る、透ける素材のこと。織り糸の密度が粗いので、通気性がよく、見た目も涼しいのが特徴。薄ものには、つぎのような種類がある。

- **紗**：からみ織りの一種。からみ織りとは経糸同士をからませる織り方のこと。紗は緯糸1本が交差する度に経糸2本がからむ、からみ織りのなかで最も単純な組織。
  ほかに、地紋で模様をあらわした紋紗や、金糸を織り込んだ錦紗なども。
  柄のつけ方により訪問着や色無地、小紋などに分かれる。
- **絽**：紗と同様にからみ織りの一種。経糸3本または5本と交差する度に、緯糸2本がからむ織りもので、紗にくらべて、やや張りがある。また、絽目という横段状の透き間が特徴。
  訪問着、色無地、小紋などの種類がある。

夏紬：玉糸や紬糸で織られた、薄く透けたしゃりっとした地風が特徴の夏の織もの。おしゃれ着として着用される。代表的なものは夏大島や紗紬など。

麻：夏の着物。柄は縞や絣などに織られ、おしゃれ着や普段着として着用される。さらりとして肌触りがよいこと、通気性や吸水性に優れているので、汗をかく季節に用いられる。代表的な産地は新潟の越後上布、小千谷縮など。

無双袖：袖は裏布と表布を共布で仕立て、身頃は単衣に仕立てること。

夏帯：夏の着物に合わせ、夏の素材や仕立てで作られた帯。絽や紗など薄もので作られた袋帯や名古屋帯、単衣仕立ての帯などでいずれも透け感がある。

お手入れ方法

着物を脱いだら、なるべくすぐにお手入れをしておきましょう。きちんとお手入れしておけば、つぎのときまた気持ちよく着られます。

着物

脱いですぐの着物は汗による湿気を多く含んでいます。まず着物用ハンガーに掛けて、日陰で風通しの良い場所に干しましょう。着物用ハンガーがなければ、コート用などの肩の厚みのあるハンガーでもかまいません。そのまま2~3時間干します。湿気をとばすと同時に、着付けたときのしわがのびます。ただし、あまり長時間干しておくと、形崩れをおこしたり、新たな汚れをつけてしまう場合があるので、何日もかけっぱなしにするのはやめましょう。

ハンガーからはずす前にはほこりを落とします。洋服用のブラシでなるべく毛の柔らかいものを使い、上から順に軽く払います。

ほこりを落としたら、シミや汚れがついていないか、必ず確認をしましょう。特に衿回り、袖口、裾は汚れがつきやすい部分なので念入りに。もし、シミや汚れを見つけた場合は、なるべく早めに専門店に持って行き、染み抜きをしてもらいましょう。時間が経つほど、シミは落ちにくくなります。しょうゆや化粧品など、シミの原因が分かっていれば、持って行ったときに伝えておきましょう。

少しの汚れなら、ベンジンを使って自分で落とすこともできます。落とし方は左ページを参照してください。ただし、輪ジミになる可能性もあるので、心配なら専門店に頼んだほうがよいでしょう。

アイロンがけはあまりおすすめしません。どうしてもしわがとれない場合は使用してもかまいませんがなるべく多用はさけましょう。かけるときは左ページのポイントを参照してください。

アイロンをかけ終わったら、着物の熱がとれてからたたみます。たたみ方は77ページ。

浴衣

浴衣は綿素材のものがほとんどなので、自宅で洗うことができます。形崩れしないように、きれいにたたんで洗濯用ネットに入れ、洗濯機のドライクリーニングのコースなどで洗います。パリッと仕上げたいなら糊づけを。干すときは直接物干し竿にかけ、軽くたたいてシワをとります。自宅で洗うのが心配ならクリーニングに。

続けて2・3回着る場合は汚れがひどくなければ、簡単なお手入れですみます。ぬれたタオルで浴衣を両側からはさみ、水分と一緒に汗をとばします。特に汗をかく胴回りは念入りに。または霧吹きをしておくだけでもかまいません。その後陰干ししておきましょう。ただし、シーズン終わりには忘れずに洗ってください。

帯

着物同様に脱いだ後はハンガーにかけて風通しの良い場所に干し、湿気としわをとります。2~3時間干したらたたんでしまいますが、その前に、必ずシミや汚れがないか確認します。特に前帯やお太鼓、たれの部分は汚れやすいので注意しましょう。

長じゅばん

着物と同様に、まず着物用ハンガーに掛けて、日陰で風通しの良い場所に2~3時間干します。乾燥したら、洋服用のブラシでほこりを払います。汚れが気になったら、衿回り、袖口、裾の汚れをベンジンで落とします。

長じゅばんは家庭で手洗いすることもできますが、縮む可能性があるので、あまりおすすめできません。

半衿

軽い汚れなら、長じゅばんにつけたまま、ベンジンで汚れを落とします。何度か着て汚れが目立つようになってきたら、長じゅばんからはずし、シルク用洗剤で手洗いをします。生乾きのうちに低温のドライアイロンをかけ、しわをとります。

刺しゅうの施された半衿は、刺しゅうを傷めてしまうので、自宅で洗うことは避けましょう。汚れたら、必ず専門店に相談をしてください。

半衿は着物を着たときに目立つので、しまうときにはなるべくしわをつけないようにしたいものです。ラップの芯などに巻いたり、細長い箱に入れるなど、上手に収納しましょう。

帯揚げ

ハンガーに掛けて湿気をとった後、低温のドライアイロンをかけ、しわをとります。しまうときはなるべくしわにならないよう軽くたたむか、くるくる巻きます。

何度も使用して汚れたら、きちんとたたんで中性洗剤で手洗いするか、専門店に洗いに出します。

帯締め

着物や帯揚げと同様にハンガーに掛け、湿気をとります。くしで房をとかして整え、和紙やティッシュペーパーなどの薄紙でくるんでおきます。

収納するときは、まず半分に折ります。さらに収納スペースに合わせて半分か三分の一に折ります。結んでしまうと跡がついたり、結んだ部分がすれて弱ってしまうので、やめましょう。

汚れが目立ってきたら、ベンジンを含ませたガーゼでたたき、汚れを落とします。

お手入れのポイント
~その一　日常のお手入れのコツ~

アイロンをかけるときは

着物や帯にしわがついてどうしてもとれないときは、アイロンをかけます。

アイロンをかけるときは、しわの部分にアイロンを当て、力を入れずに少しずつずらしていきます。着物や帯などの素材はとてもデリケートです。かけるときは必ず低温に設定し、きれいな白い布で、当て布をしてください。

刺しゅうや箔押しが施してある部分は、生地を傷めてしまうことがあるので、アイロンは避けましょう。また、絞りのように凹凸のある生地は、当て布の上から、なるべく短時間でスチームアイロンをかけると、風合いを保つことができます。

長じゅばんや、半衿、帯揚げなどもこの注意点を守れば、アイロンをかけることができます。

ベンジンで汚れを落とす

着物や長じゅばんは毎回洗えませんが、衿回り、袖口、裾などの部分的な汚れはベンジンで落とすこともできます。

白い清潔なタオルを下にしき、着物の汚れた部分を広げます。ガーゼなどにベンジンをたっぷり含ませ、汚れた部分をたたいて汚れをタオルに移します。このとき、輪ジミ防止のため汚れた部分だけにベンジンをつけ過ぎないよう注意しましょう。また、あまり強くたたくと生地がケバ立ってしまいます。軽くたたくようにしてください。

ベンジンを使用するときは換気を充分にすること、ベンジンのついた着物や長じゅばんは完全に乾いてからしまうことを必ず心がけてください。

肌じゅばん・裾よけ

肌着類はもっとも汗を吸いとっているので、脱いだらなるべく早めにお手入れをしましょう。ガーゼやさらしなどは綿素材なので洗濯機で洗えます。

干すときはきちんと形を整え、充分に乾いてからしまいます。

足袋

意外と汚れがついていることが多いので、まず部分洗いをします。使い古しの歯ブラシなどに洗剤をつけ、汚れた部分をこすり洗いします。汚れが落ちたら、洗濯機で洗います。汚れがひどいときは、つけ置き洗いをしてから洗濯機で洗うとよいでしょう。干すときはひっぱって形を整え、陰干しにします。

草履・下駄

脱いだら一晩おいて、湿気をとばします。玄関の壁などに立てかけておくとよいでしょう。

布製の草履は柔らかい布やブラシでほこりを落とし、エナメルや革製のものは専用のクリームで磨きます。鼻緒の裏や前ツボ（鼻緒の中央）なども汚れやすいので、きれいにしておきましょう。

下駄は使い古しの歯ブラシなどで底の泥汚れを落としてから、全体をから拭きします。

収納するときは一足ずつ箱に入れます。鼻緒は薄紙を巻いておくとほこりよけになります。下駄箱は湿気やすいので、収納の箱には乾燥剤を入れておくとよいでしょう。

収納するときは

着物や帯は収納スペースに合わせてたたみ、一枚ずつたとう紙やふろしきに包んで収納します。着物の収納に一番適しているのは桐のたんすですが、ない場合は一般的な洋服だんすで代用できます。紙製の箱は湿気をよぶのでなるべく避けてください。

一つの引き出しに何枚か重ねる場合は、多くても2・3枚程度にしておきましょう。それ以上重ねると、重みで下の着物にしわがついてしまいます。

防虫剤を入れる場合は違う種類のものを同時に使用しないよう注意してください。防虫剤同士が化学反応をおこして溶け出し、着物を汚す可能性があります。

お手入れのポイント
～その二・こんなときはどうするの？～

シミをつけてしまったら

シミをつけてすぐ気がついたら、自分で応急処置をすることができます。乾いたハンカチなどで水分をとり、汚れを移します。このとき、絶対に水をつけてはいけません。かえって輪ジミになってしまうからです。また、強くこすると、生地を傷めるので注意してください。

着物の裾に泥はねをつけてしまった場合は、乾いてから柔らかいブラシなどで払いましょう。ぬれたままこすると、シミが余計に広がってしまいます。

自分では応急処置のみにとどめ、それ以上は早めにシミ抜きに出しましょう。

着物を洗いに出すときは

着物は何度か着て汚れが気になったら、専門店に洗いに出しましょう。着物を洗う方法は2種類あります。一つは「洗い張り」です。着物をほどいて生地に戻してから洗い、その後仕立て直す方法です。

また、ほどかずにそのまま洗う「活き洗い」という方法もあります。汚れがひどければ、洗い張りのほうがよいですが、それほど汚れていなければ、活き洗いで充分です。しかし、活き洗いを3回くらいしたら、「洗い張り」をすると、着物が生き返ります。

洗いに出すときは、購入したお店、または専門店の表示がでているところに相談しましょう。

たたみ方

着物や帯にはそれぞれ適したたたみ方があります。すべてに共通して大事なことは、目立つ場所に余計なしわを作らないということ。正しい位置にできるたたみじわなら、アイロンをかける必要もなく、そのまま着ても大丈夫。大切な着物を好きなときに着られるように、保管にも気を使いたいものです。

②

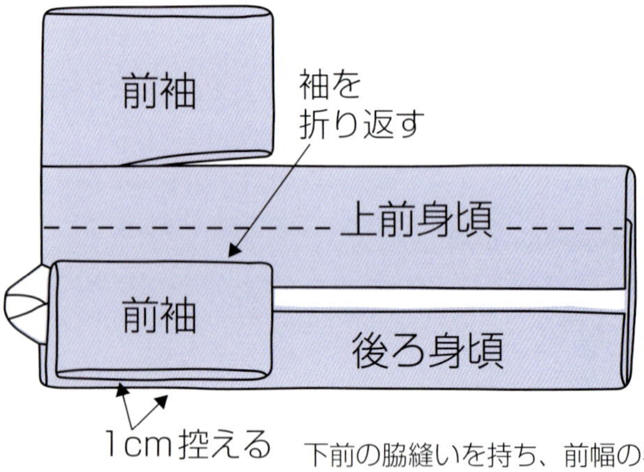

下前の脇縫いを持ち、前幅の半分くらいのところ(①の点線)で折ります。袖は身頃の折り山から1cmほど控えたところまで外側に折り返します。

③

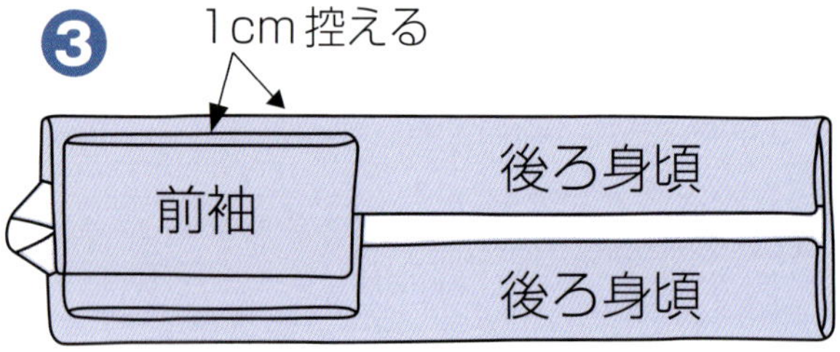

上前も同様に脇縫いを持って②の点線で折り、袖を外側に折り返します。

④

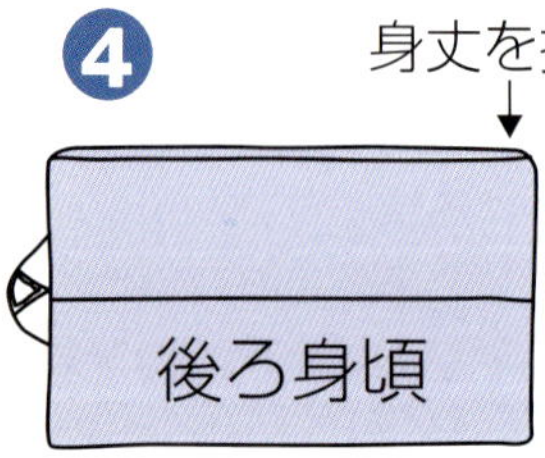

最後に身丈を適当な長さに折ります。収納のスペースに合わせ、二つ折りから四つ折りくらいでいいでしょう。

長じゅばん

①

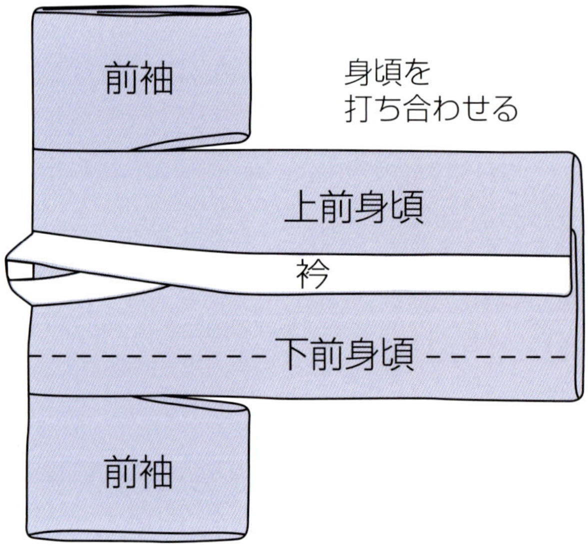

衿を左にして、長じゅばんを平らに広げます。下前、上前の順に前身頃を打ち合わせます。

着物(本だたみ)

❶
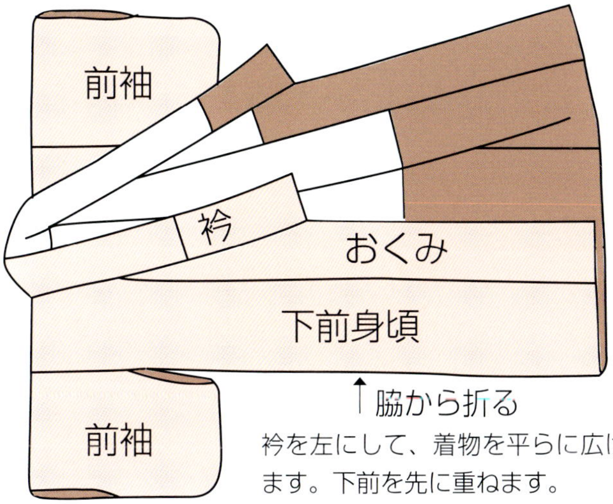

衿を左にして、着物を平らに広げます。下前を先に重ねます。

❷
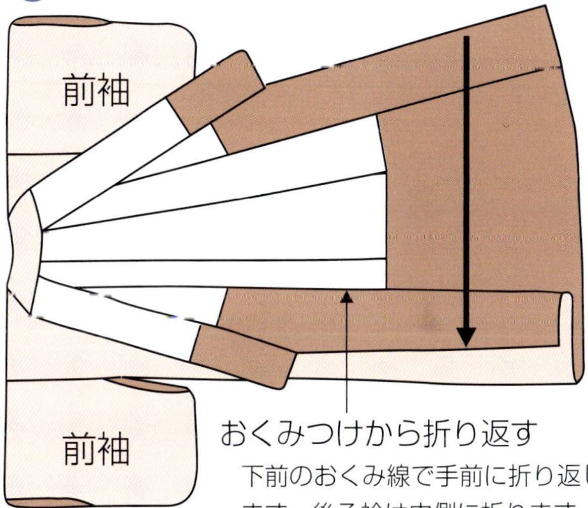

下前のおくみ線で手前に折り返します。後ろ衿は内側に折ります。

❸
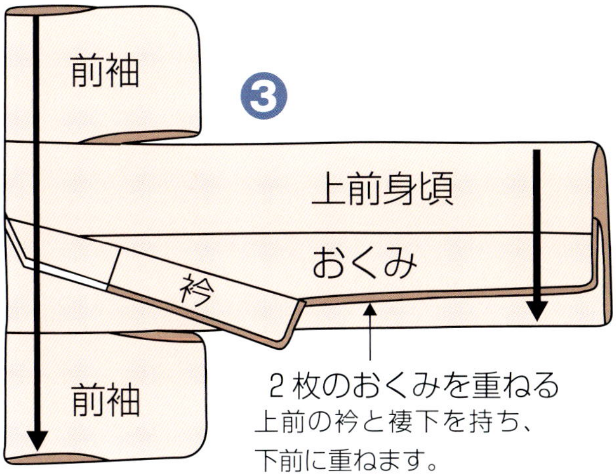

上前の衿と褄下を持ち、下前に重ねます。

❹
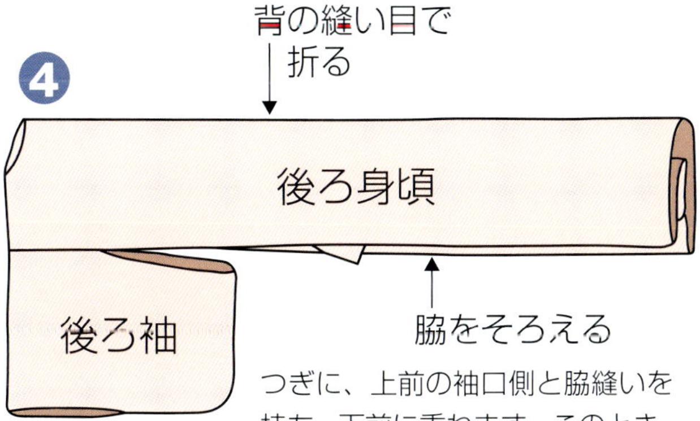

つぎに、上前の袖口側と脇縫いを持ち、下前に重ねます。このとき、背中心の縫い目の位置で折ります。

❺
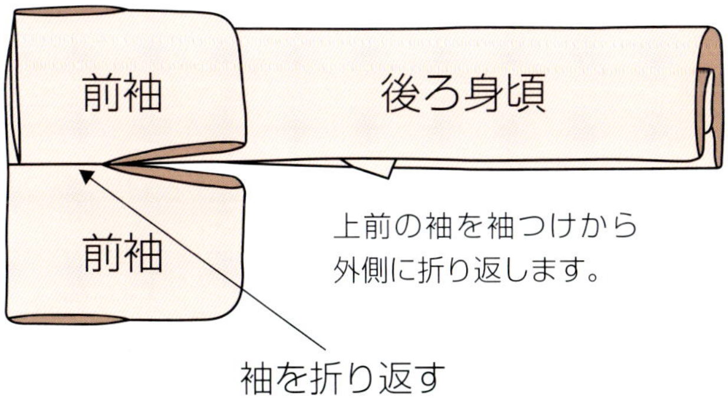

上前の袖を袖つけから外側に折り返します。

❻
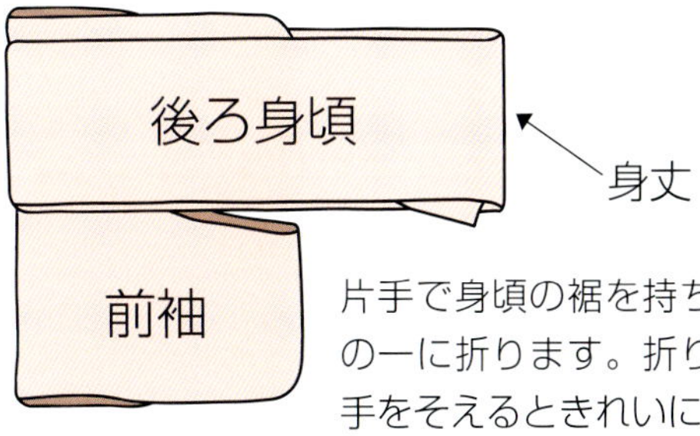

片手で身頃の裾を持ち、身丈を半分か三分の一に折ります。折り目に内側から反対の手をそえるときれいにたためます。

❼
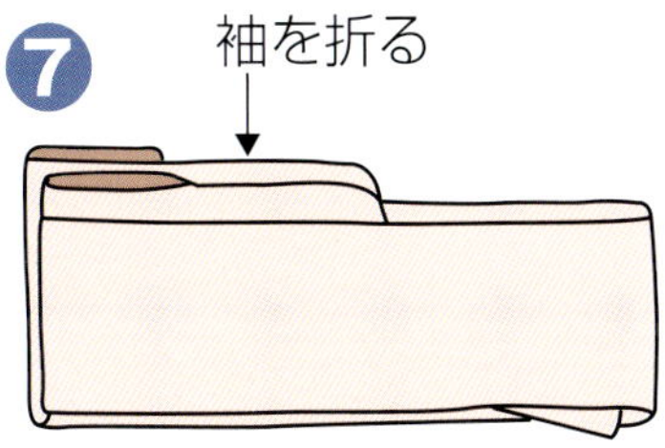

たたんだ着物を崩さないようそっと持ち上げ、下前の袖を袖つけから下に折り込みます。

帯(袋帯・半幅帯)

❶ 帯の表が外側になるように半分に折ります。

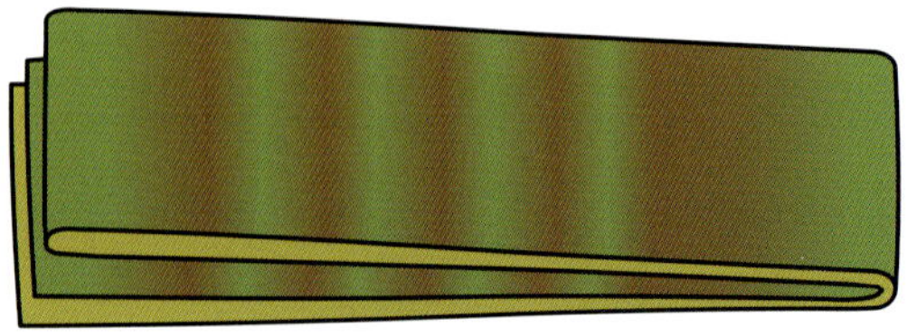

❷ さらに、半分に折ります。

❸ 最後に収納スペースに合わせ、二つ折りか三つ折りにします。※箔押しや刺しゅうが施されている場合はその部分に和紙を当てて保護します。また、お太鼓柄の場合は柄の部分を避けてたたみます。

帯(名古屋帯)

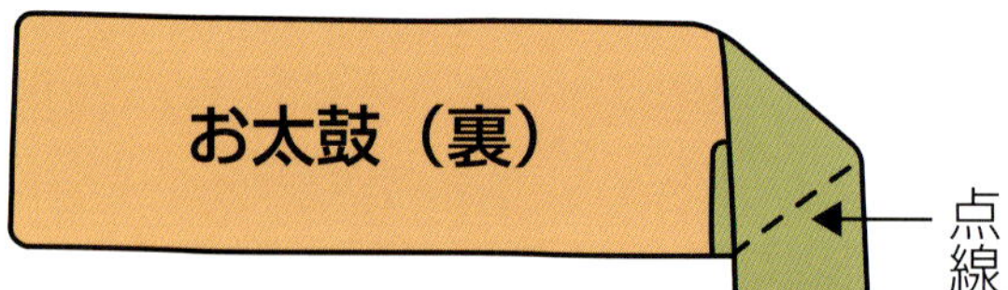

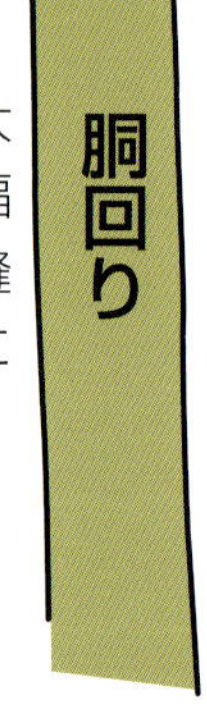

❶ たれ先を左に向けてお太鼓部分を広げます。半幅に仕立ててあるて先の縫いどまりは、図のように三角にたたみます。

❷ ①の点線でて先を折り、お太鼓の裏側に重ねます。てをずらしながらびょうぶだたみにして、先はお太鼓と平行にそろえます。このとき、折り目は前帯を避けてたたみます。

❸ て先の縫いどまりの三角部分を内側に折ります。

❹ 最後に収納スペースに合わせて折ります。このときも、折り目は前帯とお太鼓を避けてたたみます。

staff

撮影 ………………清水隆行（スタジオ ビーフェイス）
スタイリング ………秋月洋子
ヘア＆メイク ………木戸口恵子
モデル ……………岡田智子　桂 薫里　堀井真理子
装丁・デザイン ……高木順子
DVD制作 …………アイ・ディー・ケイ I.D.K.PICTURES
井手義和
池田雄之
山口拓哉
秋野譲二
編集協力 …………佐藤勢津

編集担当 …………佐藤玖美（永岡書店編集部）

撮影協力

灯屋2　銀座店　☎03-3564-1191
東京都中央区銀座1-13-1　アンティークモール銀座2階
伊と忠東京店　☎03-6226-2286　東京都中央区銀座8-12-13
銀座くのや　☎03-3571-2546　東京都中央区銀座6-9-8
株式会社新装大橋(青々庵)　☎03-3662-2630
東京都中央区日本橋堀留町1-7-6
株式会社 竺仙　☎03-5202-0991　東京都中央区日本橋小舟町2-3
福和商事株式会社　☎03-3661-2467　東京都中央区東日本橋3-6-18
堀井株式会社　☎03-3664-7181　東京都中央区日本橋久松町5-3
渡辺花鳥園　☎075-257-5480
京都府京都市中京区高倉御池上ル柊町569

目指せ、着物美人！
格好良く着る、はじめての
着付け&帯結び

監修者…秋月洋子
発行者…永岡修一
発行所…株式会社永岡書店
〒176-8518
東京都練馬区豊玉上1-7-14
tel.03-3992-5155(代表)
tel.03-3992-7191(編集)
ＤＴＰ…ディーキューブ　東京プロディア
印　刷…末広印刷
製　本…ダイワ ビーツー

ISBN 4-522-42364-0 C2076